Los reflejos de la mente

Yesid Vianchá

Dedicatoria

"Al intrépido o tal vez, inocente ser que un día asumió la enorme tarea de encauzar espiritualmente mi existencia. Tu amor es impagable. Gracias, mamá".

Prefacio

El texto los reflejos de la mente es una colección de relatos en los cuales, el desborde de la imaginación y la aventura tienen un punto interesante de tratamiento, desde diferentes perspectivas y visiones, que van desde lo imaginativo hasta lo más cotidiano.

Los siete textos que componen este libro (20 minutos, Tanta pasión, Elementos y navíos, El café, Regalo de navidad, Frías revelaciones y Un salto al vacío) ilustran diferentes temáticas y tipos de ejercicios, donde se puede observar la versatilidad de este escritor.

En este sentido, el primer texto, "20 minutos", describe las aventuras de un integrante de un ejercito de bacterias, que ha caido en poder de un pelotón contrincante. Esta historia se desarrolla en el cuerpo de un ser humano, lo que la hace interesante y a la vez, divertida.

El segundo texto es un homenaje a todos esos fervientes y algunas veces inconsientes, hinchas del futbol, desde la perspectiva de un suceso acontecido en la vida real.

"Elementos y navíos" hace referencia a aquellas historias del siglo XVII y más antiguas, relacionadas con el tema de la piratería y su recorrido por los mares del mundo en busca de tesoros y riquezas.

"El café" es una apología poética de esta bebida deliciosa y a las muchas sensaciones que vienen con cada taza. Aquí se observa el manejo de la rima y las imágenes de forma clara y sencilla.

"El regalo de navidad" narra las aventuras de un chicuelo que deja de creer en papa Noel y hace todo lo posible por desenmascararlo.

En el quinto texto, "Frías revelaciones" ilustra la química detrás de la fotografía, usando como recurso la novela poliaca.

Finalmente, el cuento número siete, "Un salto al vacío", es una proyección futurista de lo que puede ocurrir, una vez que la inteligencia artificial y la computación cuántica empiecen a sobrepasar las limitaciones humanas. ¿Qué pasaría si las maquinas adquieren conciencia propia?

En general, este libro es una muestra didáctica e interesante de lo que se puede obtener cuando se combina la ciencia con la literatura. Me parece una obra interesante y divertida en su lectura, y la recomiendo por ser un ejercicio de escritura con mucha dinámica. Muchas gracias.

Jairo Cobos.

Contemplación

Y me encontraba de nuevo ahí, mirando al cielo, buscando otra vez respuestas en el firmamento. Como si cada estrella centelleara con una opinión diferente y yo, mientras tanto, buscaba entre ellas una que dijera algo que me favoreciera, una que endulzara mis oídos. Buscaba hallar consuelo en su empatía; sentir, de alguna manera, que alguien en aquel momento me entendía. Las miraba ahí, felices... Todo era bello a su alrededor, nada estorbaba.

¡Me hallaba ahí de nuevo, sola entre la gente! Buscando esos silencios que no hieren como espadas, como a veces, ocurre con las palabras. Respiraba hondo para disipar mis lágrimas y frotaba mis brazos en un abrazo compasivo, el mismo que esperaba de otros brazos pero que, hasta ahora, sólo encuentran los míos...

Buscaba un no se qué, pero buscaba, como si algo me indicase que ahí afuera estaba aquello que yo, sin conocer, necesitaba. Cada estrella me daba un beso, cada destello me acariciaba... A cada minuto mi dolor era menor y mi alma se apaciguaba... Pero la luna lo rompió todo, porque opinó sin que yo lo preguntara:

"Si fueras estrella, anhelarías el calor humano, desearías hablar con ellos y juguetear, ¡tocar sus manos! Mirarías con desdén el vasto cielo y sentirías frío. Te quejarías de la distancia entre cada una de nosotras. Te sentirías inmensamente sola. ¡No cintilarías alegremente, no brillarías! Deducirías amargada que es algo inútil, pensando en que quizá, nadie te vería, nadie levantaría la mirada. ¡Así que no importaría si haces eso o si, en realidad, no haces nada...!"

"No se si eres humana, o si eres una estrella, quizá tan solo existes, pero de vivir no sabes nada. Tu soledad viene de adentro y ese vacío viene de estar insatisfecha. No hacen falta mil discursos, es cuestión que decidas".

"Pero, ¿decidir qué?"

"No diré mucho, no hay necesidad, aunque se que en este momento te agradaría que callara. No quieres aceptarlo, pero, en el fondo, estoy segura que lo sabes. En tu alma reposa esa verdad, agazapada y escondida, pero aún viva: ¡Ámate! ¡Ama y agradece lo que tienes! ¡Quiérete a ti misma! ¡Haz el bien! ¡Mira en tu interior antes de mirar alrededor! ¡Da de ti lo que te nazca o, simplemente, no des nada! ¡Sé feliz contigo misma y siempre, siempre estarás acompañada!"

Dubhe Sánchez,
Seattle Washington, USA.

Tabla de contenido

Agradecimientos

Ilustraciones
Donny Benjamín Cuervo Barón
Artista Plástico

Corrección de estilo
Jairo Enrique Cobos
Universidad Nacional de Colombia

Veinte minutos

—A ver bacteroide, llevas información confidencial. O abres la boca o te ira mucho peor.

- Está bien. Les diré todo con dos condiciones: mi libertad y una buena cantidad de dinero.

- Hecho. Empiece a hablar.

- Todo empezó en la montaña del sector 25, por los alrededores del Biofilm Staphyle. Faltaban 10 horas antes de la movilización.

- Compadre, casi no llega, siga.

-El último barrido casi no me deja salir, pero bueno, ya estamos acá. No se si escuché bien, ¿Wkr 33 encontró unos documentos de un Piroq Rothia del sector 23?

- Has escuchado mal mi querido amigo. Wkr 33 no se encontró los apuntes de un Piroq Rothia del sector 23, su abuelo los tenía.

- ¡NOOOOO! ¿En serio? ¿Su abuelo? ¿Y porque no nos había contado que su abuelo había sido soldado? ¡Maldito egoísta!

- Oye, no te pongas así. Él tampoco sabía. Su madre se lo dijo anoche, después de enterarse de que somos parte de la movilización.

Esto fue lo último que me dijo el recién llegado, pues me dejó con las palabras en la boca y también con la puerta abierta. Para cuando volví a la sala, mis compinches bacterianos estaban en medio de sus habituales saludos: algunos sacaban chispas al hacer chocar sus receptores eléctricos, mientras otros simplemente frotaban sus duras cápsulas. Después de eso y durante algunos minutos, dos de ellos lucharon por liberarse de sus filudas fiambras, ya que uno de ellos tenia los mejores ganchos de sugesion de su tipo, bueno, que ha visto esta colonia. Por fortuna, quien se comunica expulsando líquidos de fibronectina, no estaba presente. De haber sido así, el lugar se hubiera embebido con su pegajosa sustancia.

Una vez nos acomodamos todos en el espacio designado, y decidido que el miembro faltante se iba a perder el comienzo de la historia, Wkr 33 mostró el dichoso objeto, ese que traía a todos con los nervios de punta. A simple vista no parecía gran cosa, pero la ansiedad y curiosidad por conocer lo que había escrito en su interior, lo hacía ver espectacular. Era un cuaderno de pocas hojas, ennegrecidas por el barro, de esquinas carcomidas y también algo dobladas. Si alguna vez había habido algo de color en su tapa, este se había borrado casi por completo, no dando lugar para descifrar la imagen que alguna vez tuvo su superficie. No era más grande que 4 micras, olía a viejo y estaba gastado, además tenía algunos rastros verdosos de hongos en su lomo, como si hubiera sido abandonado durante muchos años en el ático. Ese fue el instante en que cometí el error que me tiene frente a ustedes: al finalizar la lectura y sin que mi amigo se diera cuenta, escondí el cuaderno en mi mochila.

- ¿Es este el cuaderno?
- Si.
- Que quede en el registro lo siguiente: la primera hoja contiene un gran título negro escrito a mano, el cual se nota repisado muchas veces con tinta de diferentes colores. Dice así:

20 minutos.
 Sector 26. Biofilm Diftheroid.
Día uno.
Para escribir estas palabras, tuve que cambiar de litera con uno de los estúpidos Actinomycetes. Lo hizo de mala manera, no sin antes extorsionarme con el azúcar del desayuno y echarme varios madrazos. Tuve que hacerlo, porque este es el único lugar que recibe la luz de la bombilla lateral a la cancha de paradas. Que sea este el registro que, como cronista, debo hacer de mi servicio.

El día no fue muy halagador, pues no he podido sacar de mi cabeza las constantes y punzantes frases del capitán "Calavera" -

después me enteré que su verdadero nombre es Actmyk- y esto me ha privado completamente el sueño: *"¡Veinte minutos, recuérdenlo! ¿Creen que es mucho tiempo, gusanos de porquería? Pues no. Si contamos con suerte, tendremos ese tiempo para aprovechar la acidez y, de esa manera, anclarnos a la roca. Recuerdenlo, después del minuto cinco y hasta el minuto 25. ¡Pero si durante ese tiempo aparece la barredora, despídanse de sus insignificantes vidas! Ja, ja, ja… ¡Yo he estado ahí muchas veces, sabandijas! ¡No tienen idea de lo que es estar ahí afuera! ¡Sus vidas dependen de qué tan rápidos sean durante ese tiempo…! ¡Prepárense, al menos para resistir dos…!"*

Lo que el capitán no sabe es que, para mi edad, he sobresalido en varios temas, incluyendo técnicas de anclado, nado en aguas ácidas, sujeción a superficies y supervivencia. Pero debo ser sincero, lo que pasó hoy, según él, fue apenas la introducción del primer día, así mi cuerpo sienta el cansancio de haber estado en este lugar, hace un mes.

Pasando a cosas más amables, he tenido, por primera vez, una vista casi completa de la inmensa cavidad. Reconocí algunos de sus microambientes como lo son: la gran bóveda, el músculo móvil, los valles y, la lúbrica, pegajosa y resbaladiza corriente. Lo que más me fascinó de este panorama fueron las montañas blancas, las cuales, alineadas, formaban un semicírculo que delimitaba todo el valle. En teoría son 16, pero en la realidad, nuestra cavidad ya había perdido varias piezas.

También es curioso que, cuando miras al cielo, éste parece estar tapizado de un gran espejo, en el cual se reflejan las grandes formas del suelo. Bueno, a excepción del músculo que se mueve y una que otra grieta café en las montañas de calcio.

- "¡Cuatro, malditas cucarachas! ¡Cuatro son las habilidades que voy a formar en ustedes! ¡Ya no están con mamita! Adherencia, Agilidad, Sigilo y Evasión. De que aprendan esas habilidades depende el establecimiento de toda la colonia. ¡Nunca se vayan a sentir menos que un maldito patógeno anaerobio! ¿Ellos jamás deben ganarnos la partida! ¡Ah! Y no se confíen, pues este ambiente tiene sus propios mecanismos de defensa. Recluta PG 97 ¿Cuántas son las habilidades que debe tener grabadas en su pegajoso trasero?

- ¡Cuatro, señor! ¡Cuatro! Adherencia, Agilidad, Sigilo y Evasión.
- Muy bien. ¡Veinte minutos! Recuérdenlo. Pero si…

¿En serio? ¿Me la iba a pasar toda la noche recordando eso? Todo parecía indicar que sí. Bueno, voy a poner las cosas en contexto. Somos la unidad Piroq Rothia, asignada al capitán Actmyk. Nuestra misión busca reconocer y anclar los nuevos puntos de sujeción para las colonias. Yo tengo una misión especial, soy el cronista de mi unidad. Cada unidad tiene uno. Nuestro equipo esta conformado por seis Streptococos, los cuales estamos encargados de la defensa frente a los organismos invasores, mediante la producción de sustancias antibióticas. Tambien, proporcionamos las proteínas de anclaje necesarias para establecer nuevas colonias. Además, nos acompañan cuatro Salivarius y ocho Mycoplasmas, los cuales se encargan de la fermentación de los sustratos (cuando estos lo permiten[1]). A pesar de que hago parte del primer grupo, también fui asignado al grupo que investiga la ciencia detrás de la erosión de las montañas, razón por la cual debo llevar registros de todo lo que sucede a mi alrededor.

Nota: he estado nervioso todo el día, pues mañana tendremos nuestro primer patrullaje.

Sector 26. Biofilm Diftheroid.
Día dos. A rey muerto…
- Señoritas, he visto muchas cosas dentro de esta cavidad, pero si existe algo más allá de este complejo sistema de tejidos y órganos, no creo que alguno haya explorado esas zonas. Pero, ¿por qué preguntas cosas irrelevantes para la misión?
- Simple curiosidad, señor.
- Me haces perder el tiempo, recluta. ¡Hey, necesitamos que se den prisa on esas muestras! ¡Muévanse granujas!

---

[1] El sustrato predilecto de estas bacterias es el azúcar, ya que son descompuestos fácilmente en ácido láctico el cual, en solución acuosa, se disuleve de esta manera:

$$Sacarosa \rightarrow Ácido\ láctico \rightarrow Lactato + H^+.$$

Esa fue la labor del día: un reconocimiento primario a las montañas, y la recolección de muestras de cristales con forma de ovni[2]. Algunos de ellos estaban deformes. Luego tuvimos que llevarlos a los laboratorios, pues los científicos debían analizarlos, para determinar las causas que conllevan su desprendimiento de las montañas.

---

[2] Un sólido formado por hidrógeno, oxígeno, calcio y fósforo, de fórmula $[Ca^{+2}]_{10}[PO_4^{-3}]_6 [OH^-]_2$, más conocido como hidroxiapatita. Analizando en más detalle, su forma es hexagonaldipiramidal.

- Irregular pedazo de mequetrefe, ¿crees que llevando registros vas a salvar tu vida? Ja, ja, ja. No vas a durar mucho tiempo en esta unidad.

No le respondí. No debía hacerlo si quería pasar mi servicio de una manera soportable. Bueno, ese fue el consejo que recibí ayer en el desayuno.

El afán del capitán por demorarnos lo menos posible, era debido a que, en cualquier momento, podía aparecer la barredora. Y como si hubiera sido un mal chiste, así sucedió, pues para el momento en que notamos su presencia, esta había ingresado a nuestro sector, encontrándose a tan solo unos cientos de micras. Sus cerdas causaban grandes destrozos alrededor, haciendo un ruido ensordecedor.

- ¡Cúbranse! ¡Anclen sus fiambras lo mejor que puedan! ¡Usen el terreno rocoso que es el más fuerte! ¿Qué estás haciendo pedazo de Mycoplasma? ¡Dije fiambras! Las conexiones eléctricas a través de receptores no son…

Eso fue lo último que escuché del capitán. Al levantar la mirada observé como la mitad de su ser flotaba en medio de una masa blancuzca, mientras que su otra mitad era irreconocible. Eso fue lo último que supimos de él. La versión redactada por nuestro regañado compañero, en el informe de investigación que le hicieron llenar apenas llegamos a la base fue que, al intentar ayudarlo, nuestro dirigente soltó sus anclajes, quedando a merced de los chascones y la espuma. Luego de semejante experiencia y algunos minutos de terror, el miedo nos valió más, asi que dejamos de recoger muestras y volvimos de inmediato a la colonia. Por fortuna, nadie más se vió afectado.

Sector 26. Biofilm Diftheroid.
Día dieciséis. El sustrato.
Este registro corresponde a la segunda salida de campo, tercera en total, desde que perdimos al primer capitán. Hemos sido

asignados a un nuevo líder, es el teniente Strain WF 48. Es un individuo un poco regordete, bajo, con cápsula de quitosano e indicios de pérdida de fiambras. No es precisamente un fan de salir al terreno, por lo que hemos estado evitando expediciones, con la excusa de recibir entrenamiento en sustratos cariogénicos. Bueno, no es una excusa. Hemos estado siendo sometidos a sesiones teóricas que pueden durar hasta casi 6 horas. Llevo algunos registros de las mismas:

- No solo los sustratos ricos en azúcares son los únicos que favorecen la acidez. Al parecer, los azucares ayudan, así como también los sustratos con consistencia gruesa, como las cremas, las gomas, las harinas y las masas, pues estos se adhieren más fácilmente a las rocas, pudiendo permanecer por largos periodos de tiempo.

- Debemos alejarnos de los sustratos duros y fibrosos, como las manzanas o las zanahorias. Estos solo hacen que el volumen de corriente aumente, disminuyendo su ácidez e impidiendo nuestra labor.

- El mejor tiempo de trabajo es en horas valle. Esto porque, al parecer, con mayor actividad viene mayor movimiento del músculo móvil, y hay más lubricación, haciendo que la acidez se mantenga estable. La mayoría de los patrullajes son programados en horas de inactividad ya que, con menor agitación, se obtienen mejores resultados. Por ejemplo, las horas en que el te y las galletas ingresan.

- Por su parte, los sustratos granulares son más fáciles de esconder entre las grietas, que los sustratos compactos.

- Por ello no se debe caer en la trampa de los sustratos de cacao, las frutas y los de alto contenido de calcio, hierro, silicio, fosforo y proteínas, porque estos no sirven para trabajar y solo endurecen la roca.

- En caso de duda, debemos realizar pruebas de acidez. Los kits de análisis, junto con sus instrucciones, hacen parte de nuestros respectivos paquetes de campaña[3].

---

[3] Si pasados 5 minutos la acidez de las muestras es de 5.7 o mayor, se deben descartar las muestras y buscar otro sitio de trabajo. Esto porque ciertos

- La razón de los 20 minutos es que, una vez el sustrato ha ingresado, la acidez de la cavidad cambia con respecto al tiempo. Así que, para realizar nuestras labores de anclaje, solo nos sirven los valores por debajo del valor 5.5.

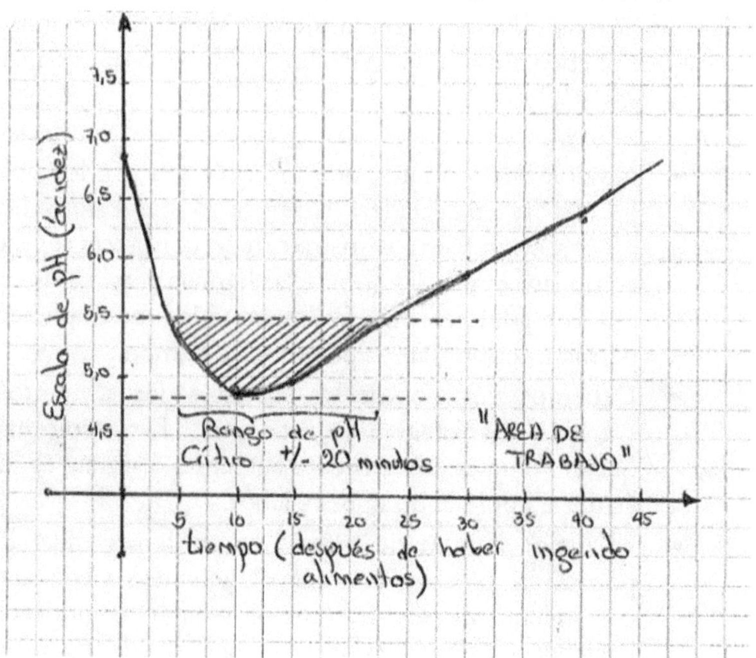

Bueno, pero concentrémonos en la misión de hoy. Esta consistió en patrullar el surco gingival. Hubieran visto la cara del teniente al escuchar la noticia. No irradió precisamente felicidad y al darnos cuenta, en cierta forma, todos lo disfrutamos. La asignación a ese lugar, se dio por los constantes reportes de inteligencia que indicaban una caída significativa en el potencial redox (valores por debajo de 300 mV). Esto significaba que el contenido de oxígeno en el área había disminuido, tal vez, producto de que los anaerobios se habían tomado el lugar. Al teniente le salió el disparo por la culata, pues por excusarse, tantas veces, de ir a patrullar, ahora se le

---

alimentos como las carnes, el huevo, el queso, los pescados, los vegetales crudos, las frutas, la leche y los vegetales cocidos, no contribuyen al inicio del proceso. Por el contrario, si la acidez de las muestras está por debajo de 5.7, estas deben ser usadas inmediatamente. Algunas frutas como las uvas, los dulces, las gaseosas, el pan, los cereales refinados, las bebidas azucaradas y la miel, favorecen nuestro trabajo.

castigaban enviándolo de vanguardia. Por fortuna, otras unidades nos acompañaron.

La inteligencia no falló, pues apenas nos acercamos unas cien micras del lugar, divisamos una gran extensión de tejido dañado, gracias a la intensa actividad de los escuadrones de Firmicutes y Proteobacterias. Allí estaban sus famosas diviones Veillonella, Streptococcus, Taphylococcus, Pseudomonas, Haemophilus, Moraxella, Neisseria y Acinetobacter[4].

- Esos tontos no entienden que nosotros somos los legalmente basales para residir estas áreas. -Fue lo único que dijo el teniente.

Tal vez, resulte difícil de creer, pero nosotros estábamos entusiasmados por entrar en combate. Bueno, había que dejarles bien claro quienes eran los transitorios y también, porque ésta era la oportunidad perfecta para poner en práctica todas las habilidades aprendidas para repeler la colonización de superficies. Así que, sin demora, iniciamos la contienda.

Aunque ellos activaron muy bien sus superficies de bloqueo[5] y liberaron sustancias para disolver nuestros defensas[6], les dimos buena cuenta con nuestros escudos (hechos con linfocitos T[7]), a la vez que traspasábamos sus defensas con los flagelos y las fiambras. La batalla fue dura y se extendió por varios minutos. Al final, aunque perdimos algunos compañeros, logramos vencerlos. Debo decir que fue emocionante pero también terrorífico. Jamás había

---

[4] Se cree que muchos de ellos destruyen de la red proteínica que entreteje y sostiene los cristales de HAP, usando ácidos, aminoácidos, aminas, péptidos y glúcidos.

[5] Cápsulas y proteínas superficiales de inmunoglobulinas, con efecto antiopsónico y de bloqueo de fagocitosis, como la coagulasa lisa, la cual crea una cubierta de fibrina alrededor, que impide que nosotros podamos adherirnos a ellas.

[6] Sustancias llamadas exoenzimas. Entre ellas se destacan las impedinas, las cuales disminuyen nuestras defensas. Otras como las colágenasa, hialuronidasa, fosfatasa alcalina y condroitinsulfatasas, las cuales disuelven los tejidos de los que estamos hechos.

[7] Compuestos de acción inmunoreguladora, que inhiben la destrucción interna de las células, principalmente, de nuestras proteínas.

estado en una situación similar. Después de eso, regresamos a la colonia para dar el parte de victoria.

Sector desconocido.
Día veintisiete. Las aguas ácidas.

No había hecho registros en la bitácora y les voy a decir por qué. Luego de la exitosa contienda con los anaerobios y de dos días de receso, volvimos a patrullar la parte este del valle. Todo iba saliendo de acuerdo al plan, hasta que fuimos sorprendidos, por segunda vez, por la misma masa blancuzca y espumosa que se llevó al capitán. Desconozco el paradero de mis compañeros de escuadrón, pues fui arrastrado por la corriente y estuve a su merced por al menos, tres minutos. Me salvé al aferrarme, con todas mis fuerzas, a la estructura de una enzima, hasta que esta me arrojó sobre un paraje desolado. Allí perdí el conocimiento y estuve tirado sobre el suelo por casi un día entero. Luego, un lugareño me encontró y me trajo a su refugio.

Aunque esta persona es amable conmigo, debo reconocer que es un poco extraña. Vive solo, habla poco, tiene su hogar lleno de provisiones y cachivaches viejos y, a ratos, habla solo. Hemos cruzado unas pocas palabras, pero es seguro que, apenas pueda moverme, dejaré este lugar.

Como se que no se me permite hacer registros no relacionados con la investigación, me concentraré en los aspectos esenciales de estos últimos días. Mi movilidad parcial no ha sido obstáculo para realizar algunos análisis, los cuales me han permitido conocer, muchos aspectos fascinantes acerca de la composición de la corriente (ahora se que se llama saliva). En cuanto a metales, esta es supersaturada en calcio y fosfatos, conteniendo también, en bajas proporciones, algo de flúor. He encontrado en su composición, diferentes tipos de moléculas orgánicas como proteínas, enzimas, agentes compensadores de acidez, inmunoglobulinas y glicoproteínas. Como vimos en clase, su acidez aumenta algunos unos minutos después del ingreso del sustrato, recobrando sus valores normales en aproximadamente 30 minutos. En esto último, existe una fuerte correlación entre el bicarbonato, los fosfatos y las proteínas, ya que su concentración aumenta cuando la acidez es mayor. El resto del tiempo, la solución tiende a ser neutra. Algunas proteínas son las que le dan su aspecto resbaladizo y pegajoso, cualidades que permiten formar la película que recubre las rocas y, a su vez, impide que asentemos nuestras colonias (al parecer, los cristales se adhieren mejor a la superficie en presencia de la sustancia pegajosa).

Sector 37. Biofilm Fusarium
Día treinta y dos. La erosión.

Pronto regresaré a la colonia, y llevo muchos resultados de las pruebas que he hecho. Debo decir que Zcf 48 no es tan mala persona como pensaba. Sabe mucho de la cavidad, pues según me contó, también fue teniente de una unidad eubacter, la xt-04. Se retiró hace ya seis meses. Cuando le pregunté la razón para haberse marginado de la armada, no me respondió. Imagino que algo muy malo debió sucederle, pues se puso de muy mal humor. Como lo prometió, hoy ingresamos al sector 37. Allí presencié en vivo el proceso de erosión con una profusa explicación incluida. Debo decir que fue un gran aprendizaje.

La roca en sí, es una matriz alargada de bloques de hidroxiapatita (HAP), un mineral de calcio, sostenida por una red entretejida de proteínas, cuyos bloques de construcción están perfectamente diferenciados entres sí. No lo había notado, pero esta disposición espacial le proporciona una alta dureza, así como también una excelente elasticidad. Mi compañero me indicó que la estructura se auto ensambla a una acidez superior a 6.0. ¿Por qué? Aun no tengo idea, pero es la misma estrategia de diseño que mi acompañante utiliza para unir el biomaterial de su refugio. Hay un detalle adicional, él usa flúor para hacerlo más resistente, sin importar que este resulte más difícil de conseguir, pues su concentración en la corriente es muy baja[8].

---

[8] Al parecer, el flúor se une a los cristales de HAP, produciedno cambios en la carga superficial de la roca, lo que impide que nos anclemos a ellas. Tambien impide que éstas se disuelvan cuando la solución se vuelve ácida. Algunos alimentos evitan la desmineralización de la roca, son aquellos ricos en calcio, fósforo, hierro y las proteínas.

Parafraseando a mi amigo, *"la erosión es consecuencia del desequilibrio presente entre los cristales de la roca porosa y el fluido circundante"*. Al parecer, esto se debe a varios factores, como nuestra presencia, el tipo de sustrato que regularmente ingresa a la cavidad, y el tiempo que transcurre antes del barrido. Para que el proceso se dé, es necesario que cada factor sea favorable, es decir, que todas las condiciones se sumen. La primera de ellas, es que las proteínas de la corriente permitan nuestra adherencia sobre la roca, sin importar el tipo de unión: electrostática, química o adhesion. Una vez unidos a ella, debemos atrapar y utilizar los remanentes adecuados del sustrato, para producir ácidos del tipo láctico, propiónico, acético y fórmico, entre otros. Esto se debe hacer rápido y en gran cantidad, pues son quienes aumentan la acidez de la corriente. Una vez sus valores de acidez estén por debajo de 5.5, se produce un desequilibrio iónico que causa la disolución de los cristales y el reblandecimiento de la matriz. Ahí es cuando quedan activos los sitios de anclaje[9]. Pero eso no es todo. Cuando la acidez recupera sus valores normales, la cantidad de material mineral disuelto en la corriente disminuye, generando ahora, un nuevo desbalance positivo, el cual reincorpora los cristales a la roca, sellando así nuestros anclajes. Ahí está el merequetengue del asunto, pues tenemos tan sólo 20 minutos para actuar (del minuto cinco al minuto veinticinco), contando con que la barredora no pase en cualquier momento. Como vez, todo se traduce en una lucha continua contra el reloj.

$$[Ca^{+2}]_{10}[PO_4^{-3}]_6 [OH^-]_2 + 2F^- \rightarrow [Ca^{+2}]_{10}[PO_4^{-3}]_6 [F^-]_2 + 2OH^-$$

[9] Frente a un aumento en la acidez, el equilibrio de la fase líquida cambia, saturándose de iones H^+ e hiposaturando la matriz de iones calcio, carbonato y fluoruro. Esto produce que el calcio pase de la fase solida a la fase líquida.

Cristal de HAP + iones $H^+ \rightarrow$ fosfato ácido de calcio + iones Ca. A su vez, el fosfato ácido de calcio se disuelve también. Veamos las reacciones:

$$(Ca^{+2})_{10}(PO_4^{-3})_6(OH^-)_2(s) + 8H^+(ac) \leftrightarrows 6CaHPO_4 (ac) + 2H_2O(l) + 4Ca^{+2}(ac)$$
$$6\, CaHPO_4(ac) \leftrightarrows 6HPO_4^{-2}(ac) + 6\, Ca^{+2}(ac)$$
$$(ac:\ acuoso;\ l:\ liquido;\ s:\ s\acute{o}lido;\ g:\ gas)$$

Asi, la hidroxiapatita (mineral de calcio), se solubiliza en la saliva, dejando muchos huecos libres. El proceso también puede ser llevado a la inversa, una vez la acidez supera la barrera de 6.5.

Sector 37. Biofilm Fusarium
Día cuarenta. El preludio.

Deseo conocer más acerca de la barredora y de la extraña espuma blanca que la acompaña. He preguntado a mi compañero como hacerlo, pero lo único que me ha dicho es que no lo haga, que es muy peligroso. Sin embargo, creo que el riesgo vale la pena. Mañana llevaré los instrumentos de medición, ubicaré alguna posición segura y tomaré algunas muestras. Llevaré también mi cuaderno e iré registrando todo sobre el terreno.

Sector 37. Biofilm Fusarium
Día cuarenta y dos. La barredora.

A medida que observo la corriente venir por el nordeste, me aseguro que todos los instrumentos estén a punto. Es difícil determinar la distancia de la misma, pero su velocidad me indica que tan solo le faltan unos pocos segundos para llegar. Estoy anclado a un enorme cristal que sobresale en la cara posterior de la roca número 37.

El viento arrecia con fuerza, arrastrando muchas gotas de espuma de las cuales he podido analizar algunas cosas: el sulfato de sodio es el responsable de la masa de burbujas y, al parecer, este le permite alcanzar mejor todas las grietas e intersticios de la montaña. Encontré grandes cantidades de fosfato de calcio el cual, al parecer, es nuestro peor enemigo, pues se encarga de levantar, por fricción, parte de las colonias ya establecidas. Otro componente encontrado es el laurel sulfato de sodio, un jabón a cargo de arrastrar la mayoría de trazas de sustrato regadas. El mismo material usado por mi amigo para hacer más fuerte su refugio, es decir, el flúor, al parecer se fija mejor a bajas concentraciones (menores a una parte por millón)[10]. He notado que este elemento no sólo se encarga de dar dureza a los cristales, sino que también causa un efecto de adormecimiento en nosotros, como para debilitar la producción de ácido. Pero quienes realmente causan terror y hacen estragos, son los chascones, ya que estos incrementan considerablemente, todas

---

[10] No importa si es suministrado en los alimentos o en forma de enjuague o dentífrico.

las acciones anteriormente descritas.

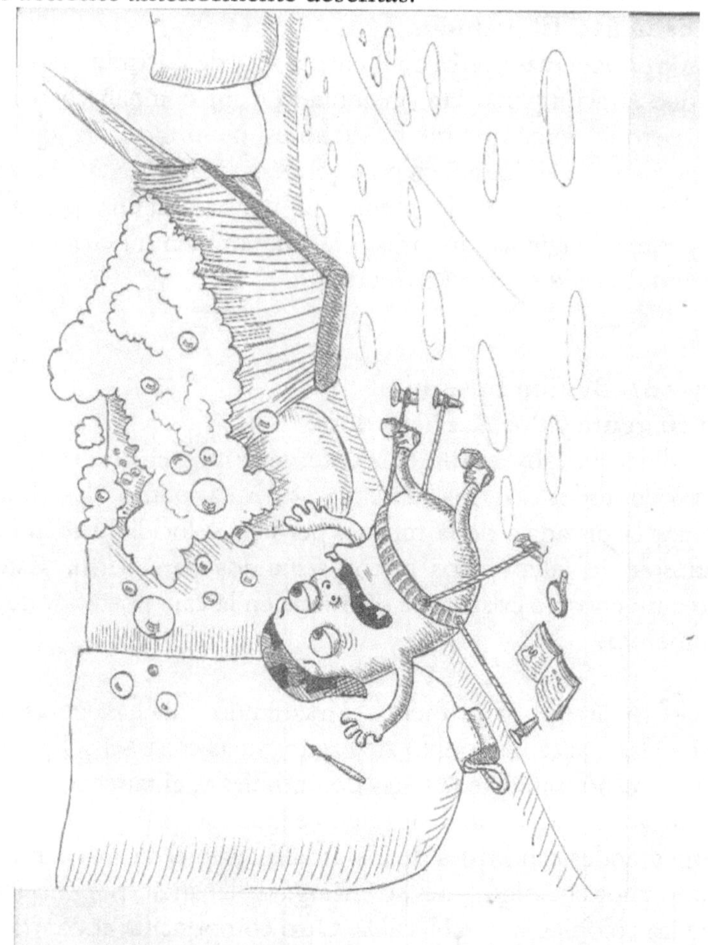

Voy a dejar de registrar por unos momentos, pues los vientos y la espuma ya me están alcanzando, y su fiereza no me permite hacer más analisis.

- Ahí termina el relato. Segunda nota para el registro: Lo que viene a continuación, está escrito en una letra diferente y con tinta diferente y al parecer, es más reciente que los registros iniciales.

Soy Zcf 48, exteniente en la unidad eubacter xt-04. Retirado de servicio. Han pasado dos días desde que encontré las notas del soldado Hyu 88, de la compañía Piroq Rothia. Estaban abandonadas por el suelo, unas 1200 micras de la montaña principal, en el sector 36. Encontré a este soldado tirado en el campo, gravemente herido. Le di albergue, alimentos y también medicinas, hasta que todas sus heridas sanaron. Al parecer, e ignorando mis recomendaciones, salió a medir directamente la espuma blanca y desde entonces, no le he vuelto a ver. Dejo constancia que pongo estos documentos en custodia del soldado XT-98, de su mismo regimiento. Ceso en mi responsabilidad por ellos.

- Mmm… Señores, esta información no la puede ver nadie y debe ser remitida inmediatamente al comandante anaerobio Rh 76. ¡Her, Anaeorbios!
    - ¡Si señor, Her, Anaeorbios!
    - Queda comisionado para hacer llegar esto. ¿Entendido?
    - ¡Her, si señor!
    - Teniente, una cosa más, ¿Y el prisionero?
    - Mientras no se tome una decisión, ¡A las mazmorras!

Referencias.

123dentist.com. How Does Toothpaste Work? Toronto, Canada. Consultado el 18/11/2019. Recurso disponible en https://www.123dentist.com/how-does-toothpaste-work/

Aliaga Torrico, Noel. Métodos de evaluación de dieta cariogenica. Investigación bibliográfica para el proceso de suficiencia profesional para obtener el título de cirujano dentista. Facultad de Estomatología Roberto Beltrán. Universidad Peruana Cayetano Heredia. Lima, Perú. 2010

Dho MS. Consumo de alimentos cariogénicos en adultos de la Ciudad de Corrientes, Argentina. Hacia promoción de salud. 2015. 20(2): 90-101. DOI: 10.17151/hpsal.2015.20.2.7.

Edmondson E.M.S. Food Composition and Food Cariogenicity Factors Affecting the Cariogenic Potential of Foods. Caries Research Vol. 24, No. Suppl. 1, Year 1990 (Cover Date: 1990) Food, dietary habits and dental health. European Food Information Council. EUFIC REVIEW 11/2003

KS Sandhu, N Gupta, P Gupta, V Arora, N Mehta. Caries Protective Foods: A Futurist Perspective. International Journal, 2014 – ijahs.net.

Larrañaga Espartero. La colonización de la hidroxiapatita. Concurso de Fotografía Científica 2014 / Área de las Ciencias y Tecnología de Materiales. Departamento: Ingeniería Minero-Metalúrgica y Ciencia de los Materiales, universidad del Pais vasco. 18 de diciembre 2014. Disponible en: http://www.ehu.eus/SGIker/fotos/picture.php?/1362.

Merinero Barroso, Elvira. Interacciones de los polifenoles del vino con la microbiota de la cavidad bucal humana. Instituto de Investigación en Ciencias de la Alimentación (CSIC-UAM). Universidad Autónoma de Madrid.

Peña Sisto, Maritza; Calzado da Silva, Milagros; González Peña, Milagros; Cordero García, Sandra; Azahares Argüello, Hernay. Periodontal pathogens and their relationships with systemic diseases. Universidad de Ciencias Médicas, Facultad de Estomatología, Santiago de Cuba, Cuba. MEDISAN 2012; 16(7):1047.

Pedro Núñez, Daniel. García Bacallao, Lourdes. Biochemistry of dental caries. Revista Habanera de Ciencias Médicas 2010:9(2) 156-166.

Thefactsabout.co.uk. How does toothpaste work? United Kingdom.: Consultado el 18/11/2019. Recurso disponible en https://www.thefactsabout.co.uk/how-toothpaste-works.

Todorovic T, Dozic I, Vicente-Barrero M, Ljuskovic B, Pejovic J, Marjanovic M, Knezevic M. Salivary enzymes and periodontal disease. Med Oral Patol Oral Cir Bucal 2006; 11:E115-9. © Medicina Oral S. L. C.I.F. B 96689336 - ISSN 1698-6946.

Valencia Roberto, Espinosa Roberto, Ceja Israel, Marín Adriana. Structural characteristics of human enamel crystals: Mechanisms of Remineralization. Revista de Operatoria Dental y Biomateriales. Volumen II. Número 3, 2013.

Zambrano, María Angélica. Suárez Londoño, Lina. Biofilms: implications in health and disease. Univ Odontol 2006 Jun-Dic; 25(57):19-25.

¡Tanta pasión!

(Basado en una historia de la vida real)

Antecedentes

Han pasado ya, dos años. Y como si la vida se encargara de fijar en la memoria ese suceso, jugándole la misma gambeta extraña, Alberto se encontró de vuelta en un coche, viajando otra vez a la ciudad que había jurado nunca más volver.

Todavía no sabe de dónde sacó las agallas y la decisión para hacer ese viaje. ¡Pero fue tanta la insistencia de Javier! Se la pasó toda la semana diciendo que debía contarle algo muy importante, que muy probablemente mejoraría su estado de humor. También, le dijo que lo que iba a proponerle, podía darle ideas para levantarle la moral del equipo. En esas instancias, cualquier cosa era bienvenida, siempre y cuando ayudara a sacar al deportivo Corrientes de la doceava posición en la tabla.

Se preocupa mucho por él -piensa- y se lo agradece, pero algunas veces, ¡cuanto desea decirle que deje de meterse en sus problemas! Bueno, eso es solo un decir, pues ambos son un equipo y sus sueldos dependen de que sean uno exitoso.

Aunque el paisaje es hermoso, no lo disfruta. Esto porque desde que ocurrió aquel incidente, la soledad se ha encargado de nublar constantemente sus pensamientos, haciendo que vuelvan, de forma recurrente a su cabeza, las imágenes de aquellas dos últimas semanas, al frente del Independiente. Especialmente, aquellos sucesos acontecidos el 7 de marzo de 2014, luego de finalizar el partido, donde apenas y había tenido tiempo de recoger a sus muchachos y llevarlos hasta el camerino…

- Buenas tardes.

-Profe, buenas tardes. Ricardo Mariño, de ABC diario deportivo. ¿Qué decir frente al hecho que, apenas obtuvo cinco puntos en el campeonato, de veinticinco posibles?

- Que es un desastre, para mí es un completo desastre.

- Profe, buenas tardes. Juan Carlos Torres, de ISPN deportes. ¿Cómo explicar que el equipo haya perdido el partido de la promoción y se haya ido al descenso?

- Vosotros lo habéis visto. Era claro que esos chavales no habían tenido pretemporada. Algunos apenas si llegaron dos días antes de comenzar. Es decir, tuve que ponerlos directamente en la candela. De otro lado, el promedio de edad del grupo es de 32, uno de los más viejos del campeonato. Vosotros sois testigos de que tenía que reemplazar a Caviedes, de 34, por Vidal o Turizo, ambos de 19. ¿No pensáis que esos cambios de ritmo descompensan totalmente cualquier equipo?

- Profesor, ¿O sea que usted pone toda la responsabilidad del descenso, en los directivos?

- ¡Joder, jamás he dicho eso! Lo que he dicho es que cuando teníamos que ser un equipo sumamente competitivo no lo fuimos. Esto porque los rivales con los que nos estábamos jugando el descenso y la promoción, como el News y el América, fueron supremamente fuertes. Creo que nos faltó un poco de mano izquierda en la planificación de la nómina. Yo creo que fue por ahí y ese fue justamente uno de los principales puntos de desequilibro de este torneo.

Pocas centésimas de segundo pasaron para que, como un lince que lleva analizando a su presa por varios minutos, el segundo comunicador se fuera lanza en ristre:

- Eduardo Rosales, de PNX Sport. Profe, creo que alguno de los directivos había dicho -tal vez lo imagino, no se- que para el equipo iba a ser positivo jugar de visitante, porque eso los motivaría. Pero luego usted dijo que, como tenía tantos jóvenes, ese miedo escénico les iba a jugar en contra. ¿Fue eso parte de lo que paso ayer? Lo digo porque cuando podíamos jugarnos la suerte de los penales, nos quedamos esperando que el equipo enfriara las cosas -bueno, quienes estábamos viendo el partido-. El caso es que, de un momento a otro, cuando el América se viene encima, en los últimos quince minutos, el equipo como que siente la presión y después de esa pelota en el palo, como que ya siente la derrota encima, ahí es cuando llega el gol. ¿Será que los jugadores temieron a los penales y al final, y entonces ya no pudieron con eso?

- Si, total. Lo acabáis de definir de la misma manera que, quizás, lo he hecho yo en otro medio de comunicación. Buscamos infructuosamente el gol en la primera parte, pero este nunca llegó. Tuvimos de pronto tres o cuatro llegadas, dos de ellas supremamente claras, las cuales no pudimos concretar. Pero después del minuto 70, más o menos, el local se nos vino encima y, quizás, ese era el momento en donde teníamos que sacar la experiencia a relucir, la jerarquía. Pienso que olvidamos el peso que representan 40 años de historia. El compromiso no debe ser únicamente ponerse la camiseta, tiene que ser real, y yo creo que fue ahí, donde quizás no supimos manejar la ventaja. Pero que va, ganaron los nervios y la ansiedad de marcar un gol, cuando lo que teníamos que hacer era ir lento. Ahí fue cuando perdimos el partido.

-Profe, ¿Ha habido tiempo para pensar en lo que se viene? Es decir, ¿tanto para la institución como para usted? ¿Ya han pensado en cómo enfrentar la segunda división?

En ese momento aparecieron algunos abucheos de desaprobación, recordándole a su compañero que tan solo estaba permitida una pregunta por ronda. Pero el susodicho se mantuvo firme, esperando una repuesta.

- Si. Mire, nosotros ya estamos pensando en eso. Tal vez, en unos días nos reunamos para ver cuál va a ser ese futuro. Estoy seguro que los directivos van a tomar la decisión más correcta. Yo estoy con ellos, cien por cien, y la idea es que el equipo pase solamente un año en el sótano, que intentemos subir, que no nos cueste tanto. Esa división hay que verla con mucho respeto, porque se corre mucho. Quizás, en algunos partidos, se corre más que en primera. Esperemos a ver que decisión tomarán.

- Judith Castro, del Diario La Nación. ¿Cuál va a ser su futuro?

- Como os acabo de decir, estoy cien por cien con las directivas. Yo creo que esta junta ha sido diferente y nos ha colaborado en todo lo que humildemente hemos pedido. Siempre nos ha apoyado y ha abocado por nosotros en todo momento. Pero se que esto no puede pasar por simples buenas razones. Si me tengo que hacer a un lado, lo haré gustosamente. Lo haré encantado y seguiré ayudando desde donde pueda. Ahora, si me aseguran en el cargo, ¡desde mañana mismo empezaré a trabajar! En las canteras, eso sí, porque a esos chavales hay que verlos de otra manera. A los futuros jugadores hay que tenerlos cerca del nivel competitivo. Pero tío, eso es algo que no puedo comentar hasta que no haya una decisión en firme. Y si no continuo, pues no pasa nada.

- Profe Alberto. Johana Bustamante, de Radio Uno Deportes. Para nadie es un secreto que estamos dirigiéndonos al último responsable de este proyecto, pues tanto el descenso como la promoción, dependen del promedio de los equipos en los últimos dos años. Haciendo a un lado el hecho de no haber realizado pretemporada y de no ser responsable por las contrataciones a comienzo del año, así como, de alguna forma, el traer a un técnico en medio de un torneo, cuando se está tan cerca de pelear una instancia tan definitiva como la promoción o el mismo descenso, eso definitivamente se llama improvisar. ¿En qué se siente responsable? ¿Cuál es su autocritica?

- Bueno, lo que he salido a decir, es que soy el máximo responsable, de eso estoy completamente seguro. Si bien es cierto que esto es el cúmulo de varias situaciones, en diferentes campañas, creo que no tomé, en el terreno de juego, algunas decisiones de manera acertada. Quizás haya habido movimientos que dejé de hacer. Quizás haya querido manejar una posición de alguna manera y no lo hice. Quizás ahora que se ha terminado el torneo, me esté preguntando: ¿por qué no puse a este jugador o a este otro? ¿Por qué no intenté mover esto? Pero bueno, siempre he dicho que cometo pocos errores. Lo que pasa con los errores es que tienes que aprender de ellos e intentar sacar un poquito de sabiduría de los deslices de la vida, de las equivocaciones... Porque cuando se entrena, el fin más básico es recuperarse lo antes posible. En eso, como entrenador, cuanto menos te equivoques, mucho mejor. Yo creo que sí nos hemos equivocado en algunos cambios, en algunos planteamientos, en algunas...

- ¿Alberto...? ¿Me está prestando atención...?

- ¿Qué? ¡Perdonadme! Es que estaba pensando en un asunto.

- Profe, que ahí le traje el presente que le llevamos a la señora María. Espero le guste.

- ¡Ah!, sí. ¿Cuánto nos falta para llegar?

- A este paso, como media hora.

- Muy bien. Sabes, anoche no descansé bien, así que voy a intentar dormir un rato.

- Bueno profe. Yo le aviso apenas lleguemos.

El hombre se cubre la cara con una chaqueta. Era mentira que iba a dormir, más bien quería dejar de seguir preocupando a su amigo.

Apenas desaparece el paisaje a su alrededor, su caprichosa mente vuelve a sumergirse en el profundo fango en el cual se encontraba... Eso era todo lo que se le había dicho al público. En privado, era claro que el ritmo de los directivos no había sido el mismo del proyecto, ni el de los hinchas, y esto hizo que el destino les jugara una mala pasada. A medida que fueron bajando en la tabla, el suspenso se puso la camiseta del contendor, volviendo más vehemente cada apuesta de riesgo. Tanto así, que finalmente desembocaron en el resultado que muy pocos conocían: los directivos le habian comunicado que no continuaría con el equipo, pero le pidieron que fueran ellos quienes dieran la noticia.

Las dos últimas fechas resultaron así: luego de haber enfrentado los 90 minutos más largos de su carrera, teniendo del otro lado la escuadra del profe Gutiérrez, tuvo que vérselas con el América, un equipo que se encontraba en su misma situación. El encuentro fue de ida y vuelta, y ellos debían empezar como locales, cosa que parecía favorable. Pero las cosas resultaron mal en casa. El equipo visitante -según él-, con la complicidad del árbitro, se hizo con el marcador por uno a cero y, para completar el pastel, una de sus mejores fichas resultó expulsada y otra, resentida muscularmente, lo que las apartó de la revancha.

Ocho días después, viajaron a la fría Tunja, una colcha de retazos multicolor de no más de 170 mil habitantes, de vocación campesina, enclavada entre las altas montañas andinas de Colombia, la cual tenía fama de ser una plaza difícil. Esto no sólo porque aquella arena de poder, símbolo del sentimiento de aquel pueblo, estuviera apostada a 2.820 metros sobre el nivel del mar, sino porque sus habitantes eran conocidos por alentar, de manera ferviente, esa maquinación diseñada para hacer olvidar los problemas de lo más pobres. Tanto así que, en muchas partes del país, la gente se preguntaba si en esta región, era la religión o el fútbol la que tenían más adeptos.

La previa
Por esta vez, el ritual del grupo fue completamente diferente. Bueno, al menos así lo fue para él. Empezando porque durante la semana anterior, no tuvo que enviar ni al Fercho, ni a Krilim, al estadio a comprar boletas, pues las invitaciones a este magno evento habían llegado a través del teléfono.

El retortijón de nervios en el estómago, que siempre acompañaba a esa magia que le daba vida y que adormecía la realidad perversa que siempre lo esperaba todos los lunes, esta vez, fue diferente, así como su sagrada preparación. No tuvo que alistar papel picado, bombas, cornetas y banderas, ni tuvo que reemplazar, antes de salir, su largo silencio colmado de inquietud por excusas, con tal que ella no se pusiera brava. No, esta vez, su concentración fue jalonada por comentarios como, "ustedes dos solían viajar juntos detrás del equipo, ¿verdad, amor?", "¿te afecta mucho esta situación?", "¿quieres otro cafecito?", y por la idea de no saber que llevaría puesto para la ocasión. Al final, todo se solucionó con el aparatoso esmoquin gris de su primo, un poco desgastado, junto con algo de gomina en el cabello, más unas piscas de loción.

Imaginó que Jorge, quien se había sentado a su lado, por esta vez no había tenido que huir a escondidas de su casa o inventar mentiras piadosas a sus padres. Su pinta fue lo hizo pensar eso. Recordó que, fue a esa misma edad de los 13, cuando se aventuró en su primer viaje, en compañía de Beto, quien tenía 16, y del querido Juanchito, con tan solo nueve. Esa mañana, como todas las mañanas, los tres asistieron a la escuela, pero en vez de libros, habían llevado una muda de ropa. Eso fue un jueves. Si, un jueves, pues ese domingo jugaba el Rey de Corazones contra el Vinotinto y Oro.

Ya estaba todo planeado y nada podía salir mal. La idea era llegar a Pereira el viernes en la mañana y buscar al tío de Beto, quien había prometido recibirlos por una noche, antes de llegar a Ibagué. Luego, al día siguiente, pedirían en la calle el dinero suficiente para comprar unas bolsas de agua y una caja de chicles, algo así como cuatro mil pesos. Después de eso, se dedicarían a revenderlos en la calle y a reinvertir las ganancias de la venta en más producto, hasta que lograran ajustar para las boletas que debían comprar: la de Juanchito, la de Beto, la de él y la del adulto que tenían que invitar, con tal de que los ayudara a ingresar al estadio. Esto porque, según la ley, los menores de edad no pueden ingresar solos. Recordó que aquel plan apenas si les había durado hasta el sábado por la mañana, ya que tan pronto la señora María notó la ausencia de su hijo, puso una denuncia con la policía. Eso fue el viernes a medio día. El sábado por la mañana, cuando el posadero observó las caras de los tres fugados en los anuncios de la prensa, entró en pánico e inmediatamente llamó a las autoridades. Media hora después, los tres fueron conducidos en una patrulla de la Policía de Infancia y Adolescencia y después remitidos a Bienestar Familiar. No pudieron ver el partido, pasaron la noche en un hogar de paso y, al día siguiente, tuvieron que aguantarse los regaños de Sergio, el papa de Juanchito, quien hizo todos los trámites para reclamarlos, no sin antes anunciar que los haría castigar.

No. Esta peregrinación era diferente. Durante el recorrido, se fueron sumando más de sus viejos compañeros de aventuras. El primero fue Jorge, un vecino que vivía a unas cuadras de su casa. Luego recogieron al mono, después a Calixto y el último que se subió, fue Andrés. Le pareció curioso que, a medida que los susodichos iban abordando el autobús, una emoción nerviosa se notaba en sus ojos. Esto quedó plenamente confirmado ante el hecho de que los muchachos no osaban entonar, como locos, su amado: "Oeee, oeee, oeee, oaaa, ¡Independiente va a ganar!, Oeee, oeee, oeee, oaaa, Esta noche a celebrar". No. No era usual verlos tan callados y menos, en camisas formales.

Al pasar por la 80, el ruido seco y estridente de las bocinas les indicó que habían alcanzado a la gente del barrio Laureles y, más adelante, a los del América. Ellos también iban en silencio. Lo bueno fue que a la entrada de la comuna dos, unas banderas rojiazules estaban apostadas en uno de los techos de una casa y esto, en cierta forma, reconfortó al grupo, pues dio pie para que algunos aumentaran la voz de sus conversaciones.

Por ningún lado vieron las brigadas antimotines, ni las tanquetas negras, ni los microbuses blindados con sus sirenas encendidas y, mucho menos, a los patrulleros que, con certera "casualidad", siempre se encontraban en las vías. De haber sido así, la "raqueteada" hubiera sido cosa seria y, tal vez, algunos de los que viajaban con ellos hubieran sido bajados de los autobuses, ya fuera por andar sin documentos o por tener sus papeles "sucios", es decir, cuentas pendientes con la justicia. Tampoco tuvieron que esperar por varias horas, encerrados en los buses y con los vidrios arriba, soportando el calor y la falta de oxígeno hasta que llegara la orden de algún capitán para continuar con la marcha. Las insignias de la televisión fueron otras que estuvieron ausentes.

Al llegar, descendieron de los vehículos, para encontrándose con una variopinta mezcla de personas de todas las edades, unos conocidos y otros no, conversando a la entrada del lugar. Algunos de esos compañeros hinchas, personas que no conocían, habían diseñado letreros gigantes que decían: "El único que hace los goles" o, "Te llevamos en el corazón", y a diferencia de las personas en su bus, lucían sus amadas camisetas de guerra y llevaban banderas del equipo.

De pronto, se acercó Fercho.

- Sabe qué, Yo creo que Juanchito la pasó contento. Siempre me decía: "¡Ah! Es que mi mamá vive sobándome la paciencia. ¡Yo lo único que quiero es ser feliz!".

El hombre no le responde, pero con un ademán, le marca el camino hacia una tienda cercana. Fercho espera por unos segundos su respuesta, pero, al notar que su compañero no se anima, atiza con esta segunda frase.

- ¡Era tan bueno Juanchito! Por ahí me enteré que no llevaba ninguna materia perdida y que se había ganado una mención de honor. Dizque, apenas llegaba de los partidos se iba para donde el profesor y le pedía que lo pusiera al tanto en todos los temas, luego le pedía talleres y trabajos de refuerzo. ¡Ah! y que, para completar, se le pegaba a Johana para que le ayudara a solucionarlos. ¡Qué va! ¡Pura excusa para coquetearle a la china! Era todo un berraco. Le cumplía al estudio, a los picaditos en la esquina y al poderoso. También supe que el papá lo iba a inscribir en las inferiores del equipo. ¡Hubiera sido todo un jugadorazo!

- A veces, -por fin le responde- me gustaría ponerme en los zapatos de su mamá.

Beto abre los ojos con elocuencia de caricatura japonesa y luego, lo mira fijamente, preguntándose si lo que había traído el viento, había sido lo mismo que había escuchado.

- Bueno, es que lo que hicimos, lo hicimos de locos, desatendiendo todo lo que decían los viejos. ¿Usted se imagina, la incertidumbre en que todo se convierte, cuando sabes que cada vez que juega el Rojo, la partida de un ser querido es inevitable? Debe ser un suplicio en cuenta regresiva.

- Hay Andresito. ¿Cómo que le están entrando los años?

- ¿Sabía usted que la madre de Juancho llegó hasta el punto de amarrarlo? Y que el culicagao se ponía agresivo y todo, hasta que tocaba echarle la policía. Al final, la amenazaba diciéndole que, si no lo dejaba ir, se lanzaba por la ventana. Imaginó que cuando alguien se convierte en un caso perdido, no hay nada que hacer.

- ¡Esa es la emoción por la camiseta! Mire.

El hombre se levanta la camisa, mostrando una figura estampada sobre su piel. "Mi Poderoso Independiente, Comuna 2".

- ¡Que loco! - Fue lo único que atinó a decir su compañero.

- Es el amor al equipo. ¿Se acuerda que hace unos años nos quedábamos sin un peso, sin nada que comer, ni como devolvernos, pero teníamos que entrar al estadio como fuera? No podíamos quedarnos sin el lujo de ver a Rodríguez recibiendo de cabeza para Gonzáles, quien se sacaba a mínimo dos o tres centrales del otro equipo y terminaba la jugada con un pase certero a Salas, dejándolo mano a mano con el arquero. Y después: ¿Qué era lo que gritábamos?

No respondió, pero en esos escasos cinco o más segundos de narración, a su mente vino ese ritual maravilloso, con algo de tristeza, en el que era capaz de desaparecer el tiempo. Fue entonces cuando los colores que llevaba en el alma materializaron la figura del zurdo Rodríguez, devolviendo con la cabeza un saque del arquero rival, hacia el lugar donde estaba el burrito. Este último, un poco incómodo por un adversario, lograba dominarla, quitándoselo de encima, con uno de sus exquisitos amagues, para después de regatear a un segundo, el cual también se comía toda la jugada. Luego, observó como el jugador levantaba la cabeza y con precisión de cirujano, lanzaba el balón a Salas, el uruguayo, en medio de dos jugadores del Millonarios. ¿Del Millonarios? La extrañeza se hizo mueca sobre su cara. ¿Por qué había pensado en los jugadores del Millonarios?, en fin. Morelos la atrapaba y, un segundo antes de hacer su jugada, el estado de pura ensoñación, que se había apoderado por completo de su mente, comenzó a desvanecerse entre las palabras de su compañero.

- Oiga, oiga. ¿Qué le pasa brother? ¡Présteme atención!

El hombre se tarda un poco en reaccionar.

- Que pena Ferchito, es que todo esto me tiene un poco embolatado.

- ¿Qué si se acuerda que poníamos a Juanchito a llamar a la casa, para que nos mandaran dinero? Su papa era el único que nos alcahueteaba. ¿Usted se imagina, donde hubiéramos arrancado para Brasil? ¡Con ese amor que el Loco le tenía a Falcao, hasta se trae una camiseta firmada! ¡Como extraño ese mocoso!

Su compañero asiente con la cabeza, sabiendo que Fernando decía la verdad. Era que ese niño, como buen jugador número doce, una vez manifestaba su fervor por el equipo, inspiraba los vientos que movían cualquier cosa. Incluso, a veces, el marcador de los partidos.

- Yo también lo extraño. ¿Va a tomar café?

- Si.

- Dos tintos, por favor.

- El mío con poquita azúcar, mi señora.

Las fuerzas oscuras
A medida que fueron acercándose al hotel, en la ciudad de Tunja, lo que fue contemplando en las calles y escuchando a través de la radio, junto con los pronósticos que había leído en los periódicos,

le produjeron un escalofrío que arañó sus intersticios más recónditos. La razón era que, su equipo naufragaba en el segundo lugar de la tabla, de abajo hacia arriba, y esto hacía que la crispación del momento no sólo se manifestase en los números, sino en la actitud cada vez más violenta del respetable. Él comprendía que ellos quisiesen dejarle al azar, a la mala voluntad de los árbitros y a él mismo, su desdicha, minimizando la importancia que significaba el rendimiento de cada jugador y su entrenamiento, así como las condiciones en las que cada partido se daba. Incluso, la prensa también consideraba que lo único trascendente eran los resultados.

Pero él estaba tranquilo, pues consideraba que todo lo que podía hacerse, ya se había hecho. Bueno, hasta donde sus conocimientos y experiencia se lo habían permitido. Sin ser arrogante y teniendo en cuenta que ser un profeta del pasado es lo más sencillo que hay en la vida, se puede decir con seguridad que, durante el tiempo que estuvo al frente, el profe lo intentó todo. Esa fue la razón para haber propuesto un super ambicioso esquema de trabajo, el cual no sólo requería del esfuerzo personal sino del de las directivas. Aunque estas últimas, desde el principio, se habían mostrado renuentes al cambio. Por eso tuvo que esperar cuatro semanas, atendiendo reuniones en las que presentaba siempre la misma propuesta, antes de que finalmente los socios de equipo le dieran el visto bueno, asi este fuera parcial.

En su presupuesto, había contemplado destinar un rubro para contratar dos nuevos, invisibles y silenciosos jugadores, destinados a colaborar con el bienestar del equipo y en el desarrollo de los partidos: la ciencia y la tecnología. Esto porque él sabía que tanto los músculos, la grasa y los huesos de cada jugador, debían estar en proporción de acuerdo a su posición en el terreno de juego, su actividad física y su constitución, y porque debía garantizar el estado psíquico y mental de cada uno de ellos.

Pero, a pesar de que tardó casi una hora exponiendo que la diferencia entre un jugador excepcional de uno del montón es la inteligencia en la cancha, los directivos se negaron a contratar una empresa especializada, que determinara las habilidades cognitivas de conducta, resiliencia, trabajo en equipo, comunicación y multitareas, de cada jugador, así como la resistencia al esfuerzo y velocidad. Al parecer, estos exámenes resultaban muy costosos y algunos, los consideraban innecesarios. La idea del profe, era que la empresa aconsejara ejercicios para evitar que los gritos de la afición, la presión de los medios y, las acciones y palabras usadas por los contrincantes, antes y durante los partidos, influyeran al mínimo en la concentración de los jugadores. También, para determinar qué tan aprehensivos eran los deportistas al interpretar correctamente los gestos, las señas, los movimientos del balón y las situaciones de juego. Ya haba visto esta clase de tecnología en otros equipos, en donde algunos jugadores simulaban situaciones, usando en sus cabezas incómodos gorros de plástico, los cuales eran llamados jocosamente "los condones[11]".

Lo primero que hicieron, junto con una nutricionista amiga, fue diseñar dietas y rutinas de ejercicios que mejoraran tanto el rendimiento físico como mental, y para disminuir el riesgo de sufrir lesiones. Para ello, se pidieron varios adipómetros y una balanza de bioimpedancia eléctrica[12], los cuales servían para que, a las carreras y en medio de la competencia, se sacara tiempo para evaluar, clasificar y desarrollar las medidas tendientes a aprovechar al máximo las condiciones de los jugadores. También, se hicieron arreglos al gimnasio, al área de descanso y relajación, y se puso especial atención en algunos jugadores que tenían afectaciones

---

[11] Son técnicas de obtención de imágenes cerebrales, usando electrodos que escanean el cerebro, con el fin de saber cuáles partes del mismo se activan, de acuerdo a los diferentes estímulos y situaciones de juego.

[12] El adipómetro es una pinza que se utiliza para medir el espesor de los pliegues de la piel. Si se mide en varias zonas, se puede conocer con una buena certeza la cantidad de grasa subcutánea de una persona. De otro lado, el equipo de bioimpedancia eléctrica es, básicamente, un gran medidor de micro pulsos eléctricos. Su funcionamiento se basa en la estrecha relación que hay entre las propiedades eléctricas del cuerpo humano (la oposición que ofrecen las células al paso de la corriente eléctrica), la composición corporal de los diferentes tejidos (músculos, huesos grasa, etc.) y el contenido total de agua. Todo en función del peso, la altura, la edad y el sexo del deportista. No es un método estandarizado, lo que implica que algunas variables como la posición corporal, la hidratación, el reciente consumo de alimentos, la temperatura (ambiental y corporal), la actividad física reciente y el estado de repleción de la vejiga urinaria, puedan afectar la precisión de los resultados, pero, si éstos se controlan, pueden llegar a ser muy útiles.

médicas (gripes, sobrecargas musculares y lesiones, entre otras).

En cuanto al medio ambiente, se tomaron precauciones para manejar, hasta donde se pudo, el hecho de competir en un país con clima tropical y altas cordilleras, lo que hacía muy difícil manejar los cambios atmosféricos. Tal vez, ese había sido uno de los factores que había desencadenado aquel resultado en Tunja:

- ¡Profe Javier, apenas es el minuto 52, y vamos a tener que bajar a todo el equipo! Mire a Arias. De seguir así, en tres o cuatro jugadas más, el siete lo deja regado. ¿Qué hacen estos endiablados para correr así?

El hombre tenía que gritar, porque las aposentadurías del estadio se habían llenado sin dejar claros, y eso fue una jugada estratégica del rival.

- ¡Ariasss!, ¡Ariasss!, no suba. ¡Espérelos ahí!

La baja cantidad de hemoglobina oxigenada en la sangre, que llegaba al cerebro de Arias, estaba haciendo que este fuera incapaz de responder adecuadamente, además de hacerlo ver como un dragón atarantado que expulsaba vapor caliente o un pistón que carburaba mal, al no obtener todo el aire que necesitaba. El técnico estaba cerca de la desesperación, porque su jugador ya había dejado a escapar a Lorna en dos ocasiones, permitiéndole desbordar por toda la línea derecha. Este había centrado para uno de sus compañeros que, con una agilidad desconcertante para los otros defensas, había logrado cabecear en dos ocasiones. La primera había resultado lejos de la portería, pero, la segunda, había pegado en el travesaño. ¡Y todavía faltaban 38 minutos!

- ¡Mosquera, Pertuz, júntense para hacer la cancha más pequeña!

Ya había hecho dos cambios y quedaba solamente uno. ¿A quién sacaba? Según cómo iban las cosas, preferiría pedir un tiempo extra. ¡Qué va! ¡Si eso no era baloncesto!

En realidad, era poco lo que el hombre podía hacer, pues a pesar que sus muchachos jugaban en el mismo terreno de juego, con la misma temperatura y habían tenido un entrenamiento similar al equipo rival; además de tener que lidiar con el equipo contrario, la hinchada y los comentarios de la prensa, tenían que vérselas con al abrupto cambio en la presión atmosférica el cual estaba ligado con la altura y esto estaba comprometiendo el normal funcionamiento del equipo. Eso no significaba que la mayoría de ellos no tuviera la capacidad aeróbica para mantener los 90 minutos de desplazamientos, en varias direcciones y con diferente intensidad, sino que había una sobrecarga en el momento de cada deportista, agravada por su edad, predisposición genética, salud y estado anímico[13] . Esto sin contar que desconocía que dos de ellos habían

---

[13] Según Raven (2013), en un partido de futbol se recorren cerca de diez a trece kilómetros, dependiendo de la posición que ocupe cada jugador. Esos recorridos se reparten de acuerdo a su intensidad, en sprint o máxima velocidad, trote o cabeceo, y desplazamiento al caminar. Esto hace que la frecuencia cardiaca de cada futbolista sea, en promedio, de unos 165.06±4.99 latidos/min en actividad de juego. Con estos datos, Bangsbo (2013), calculó que cada deportista gasta, en promedio, unos 58,4 mililitros de oxígeno por kilogramo de peso, por minuto. Pero estos valores son relativos, ya que la raza, la adaptación, la capacidad individual y el momento de cada jugador es diferente.

Los cambios abruptos en la presión atmosférica y la exposición a altas concentraciones de otros gases afines a la hemoglobina, como lo es el monóxido de carbono, se reflejan en los jugadores mediante la sensación de fatiga permanente, acentuada por el esfuerzo físico. Esto desencadena estrategias de adaptación primarias, que involucran a todo el organismo en su conjunto y difiriere, dependiendo de factores individuales como los mencionados anteriormente, además de la deshidratación, la hipertermia y el estrés mental (producto de los dilemas personales). Todos estos paradigmas ocasionan un espectro amplio de respuestas, entre ellas, algunas variaciones enzimáticas, que ocasionan el cambio en la presión parcial de O_2 y CO_2, a nivel pulmonar y celular, cambios en la acidez sanguínea, producción de compuestos que facilitan la liberación de energía y, aumento considerable de la frecuencia cardiaca. También, cambios conformacionales de la molécula hemoglobina, los cuales impiden la liberación del oxígeno en los tejidos y del dióxido de carbono en los pulmones, así como una mayor producción de eritrocitos en la médula ósea. Esto se manifiesta en una mala interpretación de las jugadas de juego, la lentitud de los jugadores y la temprana acumulación de lactato en los músculos y por consiguiente, de su temprano agotamiento físico.

En casos extremos, el cuerpo puede activar los mecanismos del sueño, así como la autoeliminación celular, ante la imposibilidad de sobrevivir en condiciones adversas tan extremas. Estos casos, son los de personas que resultan intoxicadas con gases que reemplazan al oxígeno, generalmente en lugares

estado ingiriendo bebidas alcohólicas la noche anterior, uno de ellos, Arias. Esto sin contar que desconocía que dos de ellos habían estado ingiriendo bebidas alcohólicas la noche anterior, uno de ellos, Arias.

Así las cosas, el partido más importante no era el que se estaba llevando a cabo sobre los casi 7.000 metros cuadrados de grama, sino en la reversibilidad de la unión entre la hemoglobina y dos apolares e insolubles jugadores bioquímicos, el oxígeno y el dióxido de carbono. Curiosamente, serían ellos, junto con el abundante nitrógeno, quienes terminarían decidiendo al final de este encuentro. En resumen, había en aquella región y en el terreno de juego, no solo jugadores sino aficionados que físicamente estaban llevando la misma carga corporal, mientras soportaban un nivel de oxigenación menor. ¿Cómo lo se? Bueno, porque los jugadores locales, mejores adaptados a hipoxia hipobárica, estaban haciendo las delicias de las personas que habían asistido al estadio y de aquellos que habían peligrosamente saturado los techos de las casas vecinas, además de aquellos que habían preferido el mínimo de las pantallas domésticas. Todo ello acompañado de licor, pasabocas, exageradas apuestas, discusiones agresivas, palabrotas y, en algunos casos, golpes.

De lado psicológico, a pesar de que sabía que cualquier intento de transformación traería una lógica resistencia y de que adolecía la tecnología que había pedido, creía firmemente que uno de los factores que más había influido en ese abyecto y sin paliativos, fracaso, había sido el hecho de que los jugadores nunca estuvieron convencidos de los cambios que él proponía. Y los lapidarios resultados profundizaban esas dudas. Esto hacía que, con cada encuentro, hubiera de uno a dos amonestados y, a veces, un lesionado o un expulsado. Caras largas dominaban constantemente los camerinos, el entrenamiento y los buses.

En cierta forma, eso era bueno pues hacía difícil de predecir, para los rivales, el planteamiento del técnico y su apuesta en el terreno de juego, pero también, dejaba completamente abierta la posibilidad

____

cerrados, cuyas concentraciones se vuelven muy altas.

para que el contrario impusiera lo suyo, haciendo trizas los ejercicios de la semana. La idea del entrenador, de que sus jugadores tuvieran cada uno a un rival al cual controlar cuando perdían la pelota, no había dado buenos resultados y, por ende, la angustia de no perder generaba aun más presiones psicológicas.

Pero lo que vendría a determinar la suerte de muchos, no sería la cuidadosa, pero infructuosa planeación del profe por sacar el equipo adelante sino, más bien, un poco del talento del equipo rival y eso si, según la hinchada, mucho de suerte. Esto porque, pasado el minuto 82, Arias barrió con la humanidad de uno de los delanteros rivales, el cual lo había sobrepasado y se perfilaba con camino libre hacia el arco. Obviamente, el pitazo del árbitro fue reclamado por nuestros once, sosteniendo que la medida había sido excesiva. Luego de varios minutos de discusión, de una tarjeta amarilla para Arias y de los inaudibles madrazos que llegaban desde la tribuna -no porque el nivel de su sonido fuera bajo, sino porque todos se producían al mismo tiempo-, el balón fue señalado a 300 centímetros del vértice derecho de área grande. Un paso atrás, otro más y otro, y luego, varios chiquiticos hacia adelante, para dejar parada la barrera justo donde antes había estado, con la certeza del árbitro de que había asegurado sus diez yardas.

El arquero, muy nervioso, regañando con instrucciones para Arias y Marín, mientras del otro lado, Orjuela y Andrade conversaban bajito, tapándose sus bocas con la mano. Luego, el silencio me hizo pensar que no sólo había sido Andrade quien había dejado a su compañero solo, en frente del balón, sino que había sido todo el estadio, frente a la resignación de ser simples espectadores de ese tiro libre de carácter directo. Mirada iba, mirada venía, estudiándose mutuamente con ojos entrecerrados, tratando de hallar esa luz por donde pasar el balón o, por donde atajarlo. El primero, calculando el ángulo y la fuerza en la pierna izquierda que le permitiera a la pelota la caída correcta, para irse a celebrar a las tribunas. El otro, dando saltitos y moviendo los brazos para intimidar, desvaneciendo mentalmente para su rival el amplio espacio que, de seguro, él sabía existía entre poste y poste. El público de pie, ante esta última oportunidad de estocar el fantasma del descenso, cuando tan sólo faltaban cinco minutos para el final.

Era claro que ellos no querían penales. De pronto, la barrera gana unos pasitos, y después el silbato resuena en todo su esplendor, en todo el estadio y porque no, en todo ese pueblo. Orjuela arranca en carrera lenta, acomodando poco a poco la cara interna de su botín, no con mucha fuerza, pero si con diabólica precisión, para que el balón describa un casi mágico firulete -como diría después un periodista- sobre la cabeza de los asombrados defensores e incluso, sobre la del mismo desgreñado portero, quién se hizo un ocho en el aire, tratando de atrapar el balón[14]. Yo observé aquel baile casi adormecido, mientras apretaba la bufanda que tenía en el cuello y susurraba, a medias, una palabrota. Segundos después, tuve que romperme la garganta en un lamento, mientras aquella bala blanca de cañón iba atravesando la red. A mi lado, el "do" de pecho que hacía unos segundos se había formado alrededor, terminó por volcarse indistinguible entre la algarabía y el júbilo de los cohetes, las matracas, los tambores y el papel picado. Todos, extasiados, excepto nosotros, se fundían en abrazos caóticos con desconocidos, en medio de aquel rugido ensordecedor. La emoción era incontenible, contagiosa, desbordante. Los globos de colores y las banderas flameaban al viento, construyendo un entorno mágico,

---

[14] No importó que aquel icosaedro truncado de sesenta vértices y treinta y dos caras, de textura semi-lisa, hubiera presentado una buena estabilidad en el aire, y una trayectoria predecible durante todo el partido, pues en ese momento pareció burlarse caprichosa de las leyes de la física. Esto porque su diseño de relieves de 0,1 milímetros, concebido precisamente para crear un sistema que drenara los fluidos a su paso, y así evitar las trayectorias extrañas por el efecto del rozamiento con aire o del agua, esta vez, fallo completamente. Mas extraño aún, considerando la altura en la que se jugaba, pues la densidad del aire resultaba ser un 25 % menor de la que se presenta a nivel del mar. Por esta vez, la fricción de las moléculas del aire resultó clave en la aerodinámica, la distancia y la velocidad de su desplazamiento, así como el hecho de que Andrade hubiera pateado con la parte interna de su botín, tal vez en ese momento, con la mayor superficie de contacto posible, con la fuerza conveniente y el ángulo correcto de impacto. Esto le imprimió a la pelota dos tipos de movimientos: uno de rotación sobre su propio eje y otro de traslación. El segundo, hizo que la pelota describiera la acostumbrada parábola que, sin ningún esfuerzo, cualquier jugador, incluido el portero, estaba acostumbrado a manejar. Mientras que el primero, rotó la pelota sobre su propio eje, exponiendo una de sus caras, en cada movimiento, a favor de las moléculas del aire, mientras que la otra se desplazaba en su contra. Como resultado, se generó un pequeño cabeceo que fue modificando la trayectoria normal de la parábola, unos metros hacia la derecha y le imprimió una mayor velocidad (fuerza de Magnus), hasta convertirla en una comba magistral e inalcanzable.

casi de ensueño, el cual no nos era permitido disfrutar. Nosotros, mientras tanto, rogábamos al cielo que el tiempo pasara rápido, pues había que poner, de nuevo, el balón en movimiento. Pero eso no sirvió de nada. Creo que no alcanzo a imaginar, lo que en esos momentos, el técnico sintió.

La última jugada

Era su último viaje, así lo había prometido a su madre. Ello, con la condición de que le permitiera visitar el lugar en donde había caído Carlitos, un colega de viajes y fiebres por el equipo. Nunca lo conocieron y, por fortuna, las únicas zurras que hasta ahora habían recibido en la vida, habían sido propinadas por alguien a quien conocían, ya fuera un compañerito de clases o un abusivo vecino, con lo que las palizas, no se sabe cómo, terminaban de alguna manera, más o menos aceptables. Ese no era el caso de Carlitos, pues le habían dicho que, en esa brutal experiencia de degradación barrial, la gente no conocía límites, tanto así que, a veces, la infalible terminaba sonriendo de más a algunos. Carlitos había sido un claro ejemplo. Eso fue en una revuelta en contra la gente del equipo de la banda cruzada. Se lo dijo alguien que, en su mirada, demostraba el interés suburbano y periférico de degradarse en las órbitas erráticas de su despecho para así, de alguna manera, esconder su dolor.

El 6 de marzo de 2014, miércoles, un día después de haber regresado de Pereira, empezaron a hacer los preparativos, mientras se encontraban en el colegio y asistían, como siempre, a clases. El ocho, en la tarde, se encontraron cerca de la arepería que tanto gustaban, pero no iban a comer, así hubieran pedido en casa el dinero para ello y también, para jugar maquinitas, otra cosa que tampoco hicieron. Eso fue a las cuatro de la tarde. Luego de eso, vagaron un rato por el parque, para después ir a jugar un rato en la casa de Fercho. Allí permanecieron hasta las nueve de la noche, momento en el que decidieron ir un rato a la cancha. Esa noche, la señora María casi no pudo dormir, esperándolo. Imagino que eso mismo les sucedió a los otros padres. Al día siguiente, se levantó angustiada, sospechando que su hijo y sus amiguitos habían vuelto a coger camino. Fue el padre de uno de ellos quién, les informó que, en dos días, el equipo independiente jugaba en la ciudad de Tunja y que su hijo estaba con ellos.

Después de llamar a varios peajes y consultar con la policía, nadie supo darle razón. Al contrario, uno de los oficiales trato de culparla por su supuesto descuido.

- Oficial, pero uno ya no los puede reprender. Yo, sinceramente, ya no se qué más hacer. Si lo castigo, él me demanda ¡Y ahí si caen ustedes a emproblemarlo a uno! Estos niños ahora son los que mandan... - Respondió María con impotencia. – ¿O qué hago oficial? ¿Amarrarlo como a un animal?

Fue a hablar con el papá, quien siempre estaba ausente y solo aparecía en los momentos de debilidad, cuando podía reclamarle por no dejar al niño ser feliz. Éste le dijo que, lo que Juanchito hacía era cosas de grandes, que no se preocupara, que él era un berraco. No cualquiera dejaba su casa sin un peso, se iba, la pasaba bien, y volvía comido y con plata para gastarle a los amigos. *"Mi niño tiene pelotas"*.

Ella hizo sus cuentas: *"cuatro días, dos de ida y dos de vuelta... el lunes, el lunes vuelve. Pero me va a oír..."* Eso la tranquilizó un poco.

Al primero que llamaron esa noche, fue al bibliotecario, pues el niño había olvidado sacar de los bolsillos de su maleta un recibo de préstamo de un libro de cuentos. Al parecer, fue el único contacto que las autoridades hallaron a la mano. Esto porque al hombre le gustaba ofrecer, sin el conocimiento de las directivas del colegio, clases privadas de guitarra a los estudiantes, dejándoles su número telefónico personal en caso de interesarles. Escuchó la noticia por el auricular, a medias, ya que eran las diez y media de la noche y había sido despertado de su primer sueño. Colgó el teléfono, se vistió y luego salió a la calle refunfuñando por el frio. Le informó a María y ésta se encargó de avisar a los demás padres. Alguien estaba herido, pero el guardián de los libros, de casi 63 años de edad, no supo recibir el mensaje completo.

Media hora después, un grupo de padres se dirigió hacia la estación de policía, para que les aclararan el asunto. El poco tacto del oficial en la estación, quien estaba recibiendo las actualizaciones de sus compañeros en la misma sala de espera en donde se encontraban los padres, hizo que María se descompusiera totalmente, al escuchar los vocablos entrecortados del radioteléfono, al otro lado de la línea, emitiendo las letras que por sí solas no decían nada, pero que juntas conformaban el eco aquel que daba sentido a su existencia. Si, era su Juanchito. Por fortuna, el oficial al otro lado de la línea fue un poco más prudente, pues no informó los detalles de la condición del muchacho.

Esa noche, a eso de las nueve y media, junto con su tarjeta de identificación y su seguro médico, la madre intentó tomar un vuelo, no hallando asientos disponibles, por lo que tuvo que salir en bus hacia el frío altiplano. La acompañaba una mezcla extraña de inquietud y esperanza pues, en realidad, había sido muy poco lo que sabía acerca de lo sucedido. "Vuelvo en dos días". Le dijo a su vecina.

Al otro día, al llegar al hospital, se enteró de la gravedad del asunto. Mientras el chico ayudaba a un compañero a treparse en la parte alta de un camión, donde él ya se había subido, las ramas de un árbol lo golpearon, lanzándolo en contra del pavimento. El conductor no se detuvo, pues estaba oscuro y sintió miedo. Sus amiguitos tuvieron que ir en busca de ayuda, unos 500 metros mas adelante, en una casa vecina, para contactar una ambulancia y la policía. El chico fue llevado al hospital y sus compañeros fueron retenidos. El parte del médico indicó que el niño había sufrido fracturas en las piernas y en los brazos, que tenía un trauma cráneo encefálico, además de muchas otras palabras que ella no comprendió. Al verlo, estaba irreconocible, hinchado y morado e inmediatamente supo que aquellos vocablos eran de gravedad. Mas tarde, con más confianza, una enfermera le explicó que la cabeza de Juan se había fragmentado como lo hace un huevo cocido, cuando éste se estrella contra el suelo.

La promesa de dos días, hecha a su vecina, tuvo que romperse por casi 20 más, en los que tuvo dormir en una silla, comer mal, enfermarse, desvelarse, sufrir por su muchacho, limpiarle las heridas con una toallita húmeda, darle besos y pedirle al cielo que le ayudara a salir de esa. Pero, al final, la máquina organica que producia pulsos, la cual permitía la homeostasis de aquel conjunto de sistemas que, algún día, ella atinó a llamar Juanchito, de pronto dejó de funcionar. De nada sirvieron los esfuerzos de los médicos. ¡Se me murió mi niño! Fue lo único que repitió muchas veces.

Así es la vida, catorce años de travesuras echadas al traste, en tan solo un abrir y cerrar de ojos.

El partido más importante

- ¡Vamos compadre! Ya todos están entrando.
- ¿Qué le debo de los tintos, señora?
- Dos mil pesos.
- Aquí tiene.

No supo cuánto tiempo pasó en esa tienda, pero cuando salió, observó que habían llegado cuatro buses más, repletos de gente que venía a acompañar la ceremonia. No solo había gente del independiente, sino también del América, del News y del Millonarios. Como cosa rara, esta vez no se saludaban levantando gentilmente su dedo medio o llevándose las manos a los genitales o pasándose el dedo índice por el cuello, simplemente se ignoraban.

Luego, observó a un grupo de chicos que, de tan inocentes, parecían ser de su misma estirpe, es decir, de aquellos que jugaban a ser los chicos malos, al aventurarse por la carretera. Desafortunadamente, aquellos que se arriesgaban, dejando atrás a sus padres, a sus amigos, a los posters de sus equipos en la pared o a los banderines de cada campeonato, todo por salir detrás de un equipo. En esta ocasión, de Juanchito, a ellos se les veía llegar cansados, trasnochados y hambrientos, buscando desesperadamente un lugar en los andénes, alrededor de la capilla o pidiendo agua en la tienda que habían dejado hacia poco.

Con paciencia y muchos "con permiso", lograron abrirse paso entre la muchedumbre para ingresar a una inmensa sala muy clara, blanqueada con cal y con techo de vidrio. Luego, fueron a ocupar los lugares que sus otros compañeros de transporte habían apartado para ellos, muy cerca de donde se sentaron algunos familiares de Juan.

Adentro, la atmosfera era tensa, solemne y cavernosa, e invitaba a que nadie osase sobrepasar aquellos lúgubres decibeles tácitamente establecidos. Pero ese silencio, de un momento a otro, se transformó en cuchicheos una vez que la humanidad del profesor Alberto ingresó a la sala, junto con su acompañante. Seguí con la mirada, como lo hicieron todos, sus flacas figuras envueltas en paño, hasta que, al llegar a la primera fila, inclinaron sus cabezas con modestia, labios sumidos en un eterno mutismo, frente a una dama de negro que escondía su mirada detrás de unas gafas oscuras. Palabras fueron, palabras vinieron y de pronto, la mujer se levantó de su silla y, en ese instante, reconozco la figura de estatura media, trigueña y un poco demacrada, de doña María. ¡Cuanto había cambiado! Mi estupefacción hizo que un bajo "wow" se escapara de mi boca, pero creo que nadie me escuchó. ¡Hacía dos años que no veía a la señora María!

Luego de los canticos iniciales, de la señal con la mano, de las primeras lecturas y del discurso del cura, llegó el turno de la señora, la cual se dirigió a todos los presentes con un discurso que mezclaba las alegrías y las travesuras del chico junto con su angustia e impotencia:

"Al niño lo disfrutamos poco", -dijo y luego suspiró hondo. "Tanta compañía consuela, así que muchas gracias por venir. Supongo que llega un inevitable momento en la vida en que todo ser humano realiza un balance sobre su obra y debo decir que, hace dos años, todos perdimos. No estoy diciendo que la contemplación del fútbol sea, por sí misma, un reprobable uso de la mente y la energía. No. Lo que estoy diciendo, es que a medida que hicimos del fútbol una industria, fuimos desterrando la magia que brota de jugar por la diversión, sin importar que haya un reloj, un árbitro e incluso, dos porterías. Ahora, se ha vuelto un negocio y se organiza para tener muchos espectadores, grandes masas de personas inconscientes e irracionales, dispuestas a hacer lo que sea por una combinación de colores. Tanto así, que los jóvenes son capaces de poner en una balanza su felicidad contra su seguridad. Es una noción que desconoce cualquier perspectiva razonable sobre su propia pasión. ¿Cómo que detrás de los camiones? ¿Para qué son los televisores? Entiendo esa tristeza y nostalgia por la fantasía de ser niños, por los amigos del barrio, la familia, la patria y el equipo que creo, todos nosotros alguna vez hemos sentido, pero no podemos militar ciegamente sobre una ideología de colores. Si la vida es un partido de fútbol, los invito a que le hagamos fintas, amagando la pobreza, driblando la ignorancia y olvidando las derrotas que esta nos trae. Pero lo más importante, poniéndole la alineación que verdaderamente importa, la de la familia. Para que juntos, como equipo, nos ganemos el campeonato de sabernos personas que, en el futuro, miraremos hacia atrás con la satisfacción de que nuestros sueños dejaron una huella. Después de eso, que vengan las cornetas, las serpentinas, las pantallas gigantes, el papel picado y las repeticiones. Demostremos que no estamos frente a una idolatría de la pelota, que es casi una superstición, sino que es una fiesta que une amigos, personas y pueblos... Hagamos lo que hizo mi Juan, quedemos en la memoria y en el recuerdo de muchos para que, desde allí, donde ruede un balón, nosotros también seamos parte de la alineación. Muchas gracias".

- Que discurso tan bonito.

- Si… Sabe, quiero contarle algo. Johana esta embarazada.

- ¡Wow parcero!, felicidades. -El hombre se aleja apretando los puños y celebrando mentalmente, pues le alegra la idea de que un hincha más para el equipo esté en camino.

Supongo que, para que ciertas cosas sucedan, algunos de nosotros debemos servir como ejemplo. Atentamente, Carlitos.

(En homenaje a Juan Camilo Vélez, hincha del Deportivo Independiente Medellín, quien perdió la vida el 5 de abril de 2014, y a todos los hinchas que han perdido la vida por seguir un equipo).

Referencias

Alvero-Cruz, J.R.; Correas Gómez, L.; Ronconi, M.; Fernández Vázquez, R.; Porta i Manzañido, J. La bioimpedancia eléctrica como método de estimación de la composición corporal: normas prácticas de utilización. Revista Andaluza de Medicina del Deporte, vol. 4, núm. 4, diciembre, 2011, pp. 167-174. Centro Andaluz de Medicina del Deporte. Sevilla, España.

Bangsbo, J. (1994). The physiology of soccer–with special reference to intense intermittent exercise. Acta Physiologica Scandinavica. Supplementum, 619, 1–155.

Bangsbo, J., Mohr, M., & Krustrup, P. (2006). Physical and metabolic demands of training and match-play in the elite football player. Journal of Sports Sciences, 24(07), 665–674.

Bloomfield, J., Polman, R., & Donoghue, P. (2007). Physical demands of different positions in FA Premier League soccer. Journal of Sports Science and Medicine, 6, 63–70.

Caramelo, Carlos; Peña Deudero, Juan j.; Justo, Soledad; Castilla, Ángeles; De Solis, Alain J.; Neria, Fernando; Peñate, Silvia; González P., Francisco. Respuesta a la hipoxia. Un mecanismo sistémico basado en el control de la expresión génica. Laboratorio de Nefrología e Hipertensión, Instituto de Investigaciones Médicas, Fundación Jiménez Díaz, Universidad Autónoma de Madrid. Medicina (Buenos Aires) 2006; 66: 155-164.

Carrión M. Fernando. "El futbol como hecho social total" en Raúl Pérez Torres. Editorial Biblioteca del futbol ecuatoriano (Volumen 1), Área de candela. Fútbol y Literatura (Quito: FLACSO, 2006), 11-21.

Carling, C. (2010). Analysis of physical activity profiles when running with the ball in a professional soccer team. Journal of Sports Sciences, 28, 319–326.

Ceballos, Marcelo. "Gambetas para un poema "en Raúl Pérez Torres. Editorial Biblioteca del futbol ecuatoriano (Volumen 1), Área de candela. Fútbol y Literatura (Quito: FLACSO, 2006), 69-73.

Clker-Free-Vector-Images. 31 de marzo de 2012. Disponible en: https://pixabay.com/es/users/clker-free-vector-images-3736/

Consejo Nacional de la Cultura y las Artes. El fútbol También se Lee. Gobierno de Chile. Santiago, 2013. ISBN: 978-956-352-057-6.

Dellal, A., Chamari, K., Wong, D. P., Ahmaidi, S., Keller, D., Barros, R., Carling, C. (2011). Comparison of physical and technical performance in European soccer match-play: FA Premier League and La Liga. European Journal of Sport Science, 11(1), 51–59.

Dellal, A., Cristiano Diniz, da S., Stephen, H.H., Wong, D. P., Natali, A. J., de Lima, J. R. P., Karim, C. (2012). Heart rate monitoring in soccer: interest and limits during competitive match play and training, practical application. Journal of Strength and Conditioning Research, 26(10), 2890–2906.

Di Salvo, V., Baron, R., Tschan, H., Calderon Montero, F. J., Bachl, N., & Pigozzi, F. (2007). Performance characteristics according to playing position in elite soccer. International Journal of Sports Medicine, 28, 222–227.

Echeverría Palacio, Carlos Mario. Ramírez Grueso, Raúl. Coba Torres, Kelly. Orfa Rojas, María. Bioquímica en la vida diaria: el equilibrio químico y la función transportadora de la hemoglobina. Rev. Cienc. Salud. Bogotá (Colombia) 4 (2): 109-115, diciembre de 2006.

Fontanarrosa, Roberto. De penal, Buenos Aires. Ediciones de la Flor. 1989.

__________. Diciembre 23 de 2019. El loco cansino. Narrativa Breve. Blog de literatura: historias cortas, cuentos cortos y entrevistas literarias. Disponible en: https://narrativabreve.com/2014/09/cuento-futbol-el-loco-cansino-roberto-fontanarrosa.html

__________, Fontanarrosa y el futbol. Buenos Aires. Ediciones de la Flor. 1998.

__________, El futbol es Sagrado. Buenos Aires. Ediciones de la Flor. 1996.

Galeano, Eduardo. El Futbol a sol y sombra. Bogotá. Editorial Tercer Mundo. 1995.

García, O., Ardá, T., Rial, A., Domínguez, E. El comportamiento de la frecuencia cardiaca del futbolista profesional en competición. ¿Es posible explicarlo a partir del contexto de las situaciones de juego? Motricidad. European Journal of Human Movement, 2007: 19, 35-57.

Guillermo Zuluaga. Enero 12 de 2020. El último viaje de Chavelito. Revista Universo Centro. Número 57, julio 2014. Disponible en:

https://www.universocentro.com/NUMERO57/Elultimoviajede
Chavelito.aspx

Henry Humberto León Ariza, Alveiro Sánchez Jiménez, Jhon
Freddy Ramírez Villada. Demandas fisiológicas y psicológicas en el
fútbol. Revista de investigación, cuerpo, cultura y movimiento. Vol.
1, No. 2. 2011. pp. 41-55.

Hirschfeld, Daniela. "El menú del futbolista" en Alexis Valqui,
Revista ¡De acuerdo! La ciencia a tu medida. Laboratorio
Tecnológico del Uruguay – LATU. (Uruguay, 2014). Disponible en:
https://www.revistadeacuerdo.org/wp-
content/uploads/2017/05/Revista-De-acuerdo_Edicion-
Futbol_PTB.pdf

Hornby, Nick. Fiebre en las gradas. Barcelona. Ediciones B.
1998.

Iucht, Román. La vida por el fútbol. Marcelo Bielsa, el último
romántico. Editorial epub-libre. Argentina. 2010

Lucio Paredes, Pablo. "El fútbol sólo es vida" en Raúl Pérez
Torres. Editorial Biblioteca del futbol ecuatoriano (Volumen 1),
Área de candela. Fútbol y Literatura (Quito: FLACSO, 2006), 125-
129.

Mazzeo, Claudia. "Esferas mágicas en el estadio" en Alexis
Valqui, Revista ¡De acuerdo! La ciencia a tu medida. Laboratorio
Tecnológico del Uruguay – LATU. (Uruguay, 2014). Disponible en:
https://www.revistadeacuerdo.org/wp-
content/uploads/2017/05/Revista-De-acuerdo_Edicion-
Futbol_PTB.pdf

Mohr, M., Krustrup, P., & Bangsbo, J. (2003). Match
performance of high-standard soccer players with special reference
to development of fatigue. Journal of Sports Sciences, 21, 519–528.

Pérez Torres Raúl. "Toda cancha pasada fue mejor" Editorial
Biblioteca del futbol ecuatoriano (Volumen 1), Área de candela.
Fútbol y Literatura (Quito: FLACSO, 2006), 21-35.

__________ "Cuando me gustaba el fútbol" Editorial Biblioteca
del futbol ecuatoriano (Volumen 1), Área de candela. Fútbol y
Literatura (Quito: FLACSO, 2006), 11-21.

Raven, P. B., Gettman, L. R., Pollock, M. L., & Cooper, K. H.
(1976). A physiological evaluation of professional soccer players.
British Journal of Sports Medicine, 10(4), 209-216.

Rios Roux Carlos. "Cabeza mágica" en Raúl Pérez Torres.

Editorial Biblioteca del futbol ecuatoriano (Volumen 1), Área de candela. Fútbol y Literatura (Quito: FLACSO, 2006), 103-105.

Rivera Alvarado, Grettel. Enero 10 de 2020. "El cerebro: gran protagonista del fútbol" en Alexis Valqui, Revista ¡De acuerdo! La ciencia a tu medida. Laboratorio Tecnológico del Uruguay – LATU. (Uruguay, 2014). Disponible en: https://www.revistadeacuerdo.org/wp-content/uploads/2017/05/Revista-De-acuerdo_Edicion-Futbol_PTB.pdf.

Servicios de ESPNdeportes.com. ANGELOlizkalizca. 2011-12-21. Alberto Piedrahita DT. América de Cali (Colombia) habla del descenso. Disponible en: https://www.youtube.com/watch?v=urOf_w6nJcE

StarFlames. 25 de abril de 2017. NY/. USA Disponible en: https://pixabay.com/es/users/starflames-5196428/

Wesson, John. The Science of Soccer. Institute of Physics Publishing Bristol and Philadelphia. London. 2002.

Wisloff, U., Helgerud, J., & Hoff, J. (1998). Strength and endurance of elite soccer players. Medicine & Science in Sports & Exercise, 30(3), 462–467.

Elementos y navíos

Al abrirse la puerta, noté que Britney tenía una expresión facial entre desesperada y furiosa. Intenté calmarla, pero ella me llevó directo al sofá. Me hizo sentar. Luego, me dijo, en su curioso español, lo siguiente:

- ¡Yo mato por hacer esto a mí!

- ¿Qué te hizo el bobo de Camilo? -Pregunté mientras ella se sentaba en el sofá. Ella me miró entre fascinada e incrédula. Su mirada me decía que no sabía que decir. Sabía que no vivían juntos, pero… ¡Huy! ¡Que rabia! ¿Cómo es que los hombres son tan desconsiderados? - ¿Fue esto lo que dejó sobre la mesa? -Mi amiga asintió con la cabeza. Tomé el papel de la mesa y empecé a leer:

"Querida Britney. El pasado verano le compré a un viejo anticuario, una botella que contenía varios pergaminos en su interior. El anciano me insistió tanto, que terminó casi regalándomela por dos monedas. Sé que es antigua, pues una de sus hojas tiene unos extraños símbolos y números garabateados. La semana pasada, Carlitos encontró la botella, la tomó e inmediatamente la lleno de agua. Casi rompo al muchacho, de no ser por la sorpresa de ver que, al contacto con el líquido, empezaron a aparecer letras en los pergaminos. Ahí te los dejo para que los leas. No te preocupes por mí, he tomado fotos de todos los documentos. Si no saben de Andrés y Roberto, tampoco se preocupen pues estamos juntos. Nos vemos luego."
Camilo.

Sus manos me alcanzan entonces un rollo con varios pergaminos. Al abrir el primero, este contiene unos extraños símbolos garabateados.

No me detengo en él y abro el segundo. Éste reza así:

"Año de gracia de 1725, julio 28. Dejando el bar, caminamos

1000 pasos por el bosque en dirección noreste, doblamos a la derecha y medimos otros 50 pasos. Finalmente, vamos al sur otros 130 pasos. La brillantez del metal desconocido que recubre la roca (8), la cual, el burdo de Lockhart llamó elemento X, indicará el lugar. La palabra secreta activará el mecanismo. ¡Cuidado! El capitán y la muerte eligieron en ese lugar, doce ciegos guardianes de fauces abiertas… Yo seré el treceavo".

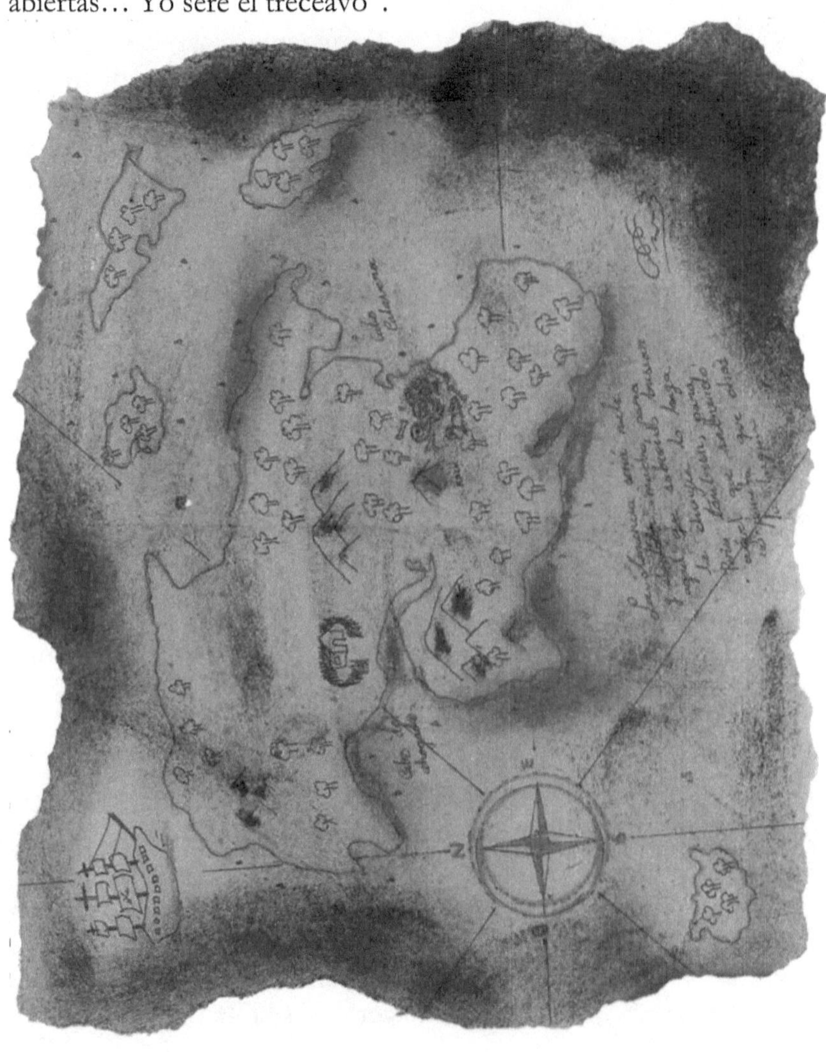

Los otros pergaminos contaban la siguiente historia:

"Estaba en su naturaleza, pues es un feroz animal. Miraba a su presa fijamente, sabiendo que ésta no lo había visto, aguantando la respiración hasta casi el ahogo. Mientras tanto, afilaba sus garras estirándolas y encogiéndolas entre sus dedos. Imagino que para él, ésta debía imaginarse deliciosa, pues la espera había sido mucha y las oportunidades pocas. El cruel capitán siempre había reprimido sus deseos. Era ahora o nunca. Finalmente, cuando el animal decidió lanzarse sobre el susodicho, los músculos de sus piernas se tensaron y luego, la energía contenida, se convirtió en movimiento, pero… el sombrerazo del capitán, cambió su trayectoria, arruinando toda su sorpresa. Su rápida acción evitó que se fuera de bruces contra el suelo.

-Miserable morroño. ¿Con que deseas almorzar filetico? ¡Casi y te sales con la tuya, bandido!

Su antigua, pero aún reluciente y resistente a mil batallas "Kubá", apareció en escena, lanzando mil destellos. Antes de que sus filudas fauces blandieran al animal; el brazo engarfiado de Ned se atravesó en su camino.

Kubá es la espada favorita de Edwards, bueno, la que más le ha durado. Según él, la recibió de un ladrón kobold, luego de perdonarle la vida. Iba a decapitarlo por sustituir la plata de una mina de Sajonia, por el mineral del que está hecha la espada (3). Éste también dijo haber usado en su fabricación, un metal de Transilvania de Nagyszeben, algo que llamo tellus o la esencia de Dios de la Tierra (9). Desde entonces, el capitán piensa que el duende maldijo su hoja, pues ésta nunca se daña.

- ¡Permitidme, filibustero de pacotilla, acabar con este engendro! Debo reivindicar que nunca he perdido un tesoro, abandonado una isla o fuerte y, mucho menos, he sido burlado por enemigo alguno. -Tragó el último ron de la botella y, como siempre, lo hizo como si se tratase de agua.

-Mi señor, pero la lagartija debe imaginarse deliciosa para el gato. No debe ser tan duro con el animalito. -Respondió el avejentado de Ned, quien, a mi parecer, creo que él si era todo un pirata. Tenía la boca

sangrante casi siempre, pocos dientes y una pata de palo (todos excepto el último, síntomas del escorbuto). Lo único extraño en su apariencia era que el loro había sido reemplazado por un gato.

Las palabras del capitán me hicieron sentir ironía, por las múltiples ocasiones en que habíamos tenido que abandonar lugares, siempre con las manos vacías y, para rematar, con el barco hecho añicos. Además, por haber sido abandonados por Barbarroja. Esa era la razón para estar en esa isla.

- ¡Que animalito, ni que nada! ¡Este muerto de hambre y feroz animal no debe meterse con mi gecko! -Respondió la figura altiva y desorejada, cuya parte faltante había sido reemplazada por un vasto costurón de color carmesí y quien aún tenía la espada en la mano.

Para nosotros, su tripulación, el Capitán Edwards no fue más que un bucanero de empuje, ávido como un lobo hambriento, que asumía fácilmente los riesgos cuando de tomar un botín se trataba.

Según me contaron, fue un antiguo almirante real y, al igual que yo, desertó de lo que hacía para buscar riquezas. Tenía el cuerpo macizo y recio, era alto y su piel estaba curtida por el sol y el mar. Era listo, pero había tenido poco éxito. Muchos de nosotros lo seguimos, sin importar que, a veces, sus decisiones hubieran sido apresuradas, haciendo que todo terminara en desastres. Vestía una casaca del ejército inglés, la cual estaba toda remendada.

Siempre pensé ese pedazo de tela como su ancla de cordura, pues continuamente sermoneaba sobre como aquello que hacíamos, lo realizábamos en nombre de la Reina. Lo cierto es que, siendo honestos, para las demás personas, incluidos los periódicos, éramos lo que somos: unos infames pecadores e irredentos ladrones de mar, propensos a las violaciones, los pillajes, los chantajes, las traiciones, la crueldad, los asesinatos y a hacer estallar todo con pólvora. ¡Rayos! ¡Nunca el carbón fue suficiente! ¿Sabéis cuál es el principal elemento contenido en éste (7)?

De esto último me confieso responsable. Todo empezó de mozo, cuando mi padre me puso al servicio de un alquimista, lo que hizo que mis días se vieran alrededor de pócimas, reacciones, procedimientos, elementos y mezclas. ¡Y vaya que tenía talento, pues hice famosa mi pólvora de colores en los siete mares! Pero eso es cuento aparte. Pronto la eterna noche me abrazará en su regazo y aún debo apañar con hidalguía las últimas fuerzas que tengo para escribir. Es la única forma que encuentro para sacar de mis sueños las palabras de la vieja bruja, cuando imprecando sobre las cecas dijo:

"Edwards, tripulantes del Céfiro. La clemencia será nula y el dolor mucho, para aquel que, sabiendo buscar la chinyia, lo haga. Pero también, para aquel que renuncie a su búsqueda y no permita que otros lo hagan. Los tesoros no están hechos para ser dejados en el olvido".

Yo lo vi con estos ojos que pronto se volverán tierra, ¿no es cierto, capitán? Ja, ja, ja. ¡Dejad de mirarme con esa risa burlona, pedazo de osamenta! Por si no lo sabes, espantajo famélico, nunca más serás el perro de Odiseo de ilusos forajidos, aventureros, desertores y exiliados, como yo. Ja, ja, ja. ¡Mientras te han vencido unas estúpidas bayas silvestres, la fría nos abraza a los últimos trece en ley!

Luego de discutir por un buen tiempo, el tungo decidió guardar su cuchillo y, en vez de trocear al animal, sacó su catalejo de latón y observó en la distancia (a través del vidrio que yo mismo fundí con metal escondido de cerio, haciendo sus lentes más poderosos 2). La vista era desafortunada, pues su amado Céfiro se cosumía lentamente.

Así fue como la gente decidió llamar a la balandra de tan sólo diez cañones y unos 20 hombres, la cual sirvió durante un buen tiempo para aterrorizar las costas del atlántico. Ardía encallado en la parte costera de una isla desierta, luego que su situación la hubiera vuelto blanco perfecto de los cañones españoles. Entonces solo nos quedaron dos opciones en ese momento: salvar la nave o nuestro pellejo. Lo cierto es que los españoles ni siquiera se molestaron en abordarnos.

- ¡Upa, la historia es buena!

- Yeah, son of a… - Britney no termina la frase. Creo que no está en su naturaleza decir groserías. En vez de eso, me mira en silencio. Tal vez, piensa que fue un error el haberme contado. Sin embargo, me dice lo siguiente: – Continúa leeyeendo, por favor.

Abandonamos la balandra y nadamos hasta la costa. No rescatamos más que dos mosquetes, un poco de pólvora y, curiosamente, trece balas. Había escuchado que el Céfiro es el dios del viento y que este puede llegar a cualquier rincón, incluso a las profundidades del oscuro inframundo. Ahora estoy seguro de eso, pues el barco no se ha hundido. Parece alargar la zarpada hacia ese lugar, hasta que el último marinero esté abordo. ¡Aún veo algunos destellos de baritina o witherina quemándose en la nave! (6).

- *¡Isla maldita de porquería!* -Balbuceó el capitán después de dar un tremendo bufido. Luego, miró hacia el horizonte, con una cólera tal que llegó a inspirarme temor. - *¡Te maldigo una y mil veces, Barbanegra! ¡Cometiste un error al dejarme solo contra la marina española! ¡Dejad que te ponga la mano encima…! Prometo que lo siguiente que verás será la marca negra… Y tú, pechelingue sin oficio, ¿Qué tanto escribís?*

- *Escribo acerca de vos, mi señor. Sus memorias deben ser guardadas y recordadas por la hermandad.* - Ned ha tomado su gato y lo ha tirado detrás de unos costales. La lagartija, por su parte, se ha esfumado entre la maleza.

- *No. No debe ser así. Que mi balandra se hunda, nunca causará miedo ni admiración, burla tal vez.*

Pienso que el Capitán Edwards jamás debió preocuparse tanto por su reputación, pues nuestras aventuras nunca trajeron, hasta el último momento, algo de la supuesta perseverancia frente a los reveses, indómito valor digno de ser admirado, ni mucho menos, arcones rebosantes de oro y plata. Ahora, cuando estos finalmente habían llegado, estaban escondidos bajo la arena, esperando a ser gastados.

Despues del asalto del buque español y de haber escondico el botín en la isla, nos diponíamos a zarpar, cuando divisamos a los españoles. Nuestra fuga se echó a pique al arrizar la vela mayor, en medio de aquel vendaval de rayos, centellas y truenos. También fue una mala idea poner el barco con el viento de proa, pues la tormenta empeoró, forzando el velamen y haciendo que la balandra girara sus vergas a babor. En esta condición, los aparejos y el timón no permitieron maniobra alguna, haciendo que termináramos en los bancos de arena. En ese momento, la flota española nos alcanzó e inició su ataque. Lo demás, ya lo he contado.

Han pasado varios días, y no dejo de escuchar el festín que las ratas tuvieron sobre los cuerpos de los raqueros de dudosa reputación, los cuales lograron escapar de la nave, y de la navegante, cuya reputación no le cabía la menor duda. Imagino que yo seré el postre. ¡Ah! ¡Si tan solo tuviera una tira de buccan…! El dolor sobre las costillas es cada vez más acuciante. -Pienso que la bala que penetró mi pecho no fue tan fulminante como el metal que destrozó la pierna de Ned, pero creo que ha sido más cruel. Cuando toso es peor, porque siento como si todo dentro de mí se rompiera a pedazos… Es claro que los días de *«borrachos y hartos, o secos y vacíos, pero al diablo y malditos sean los tacaños»*, ya se han ido. La memoria va y viene... Debo continuar.

- ¡Si no fuera por ti, deshonroso pedazo de tierra, estaría viviendo una emocionante aventura, en la cual nuestros espíritus no reconocieran de qué lado se encuentran! ¿No os gustaría un lugar así? -Volteó para mirarme y noté que sus ojos brillaban de entusiasmo.

- Mi señor, usted sabe que yo no soy de aventuras. Apenas si sirvo para recargar cañones. -Respondí con toda sinceridad.

- Teneís razón, mi fiel compañero. Tampoco has sido muy hábil con la cabeza. Ni siquiera reconoceís la diferencia entre una aparadura y una bita. A propósito, dudo mucho que lo que escribes sea digno de leerse. Sin embargo, hacedme honores en la batalla contra Hamlin, contad cómo tomamos su barco. ¿Lo recordaís…?

De eso recuerdo la bala de cañón que nos pasó junto, destrozando parte del casco. También, el ver volando la medusa de pelo artificial que llevaba puesta. Pero lo que más se quedó en mi memoria fue la expresión de este hombre cuando entra en batalla. Bueno, entraba. Las palabras nunca me alcanzarán para describir un personaje más siniestro y aterrador. Era cuando más expresivo se volvía, enajenándose de cuantos lo rodeábamos, mientras disparaba con ambas manos sus pistolas. Combinaba esta acción con impías y salvajes canciones marineras e insultos, amenazando y jurando que haría desfilar por la plancha a todo aquel que no se rindiera.

- ¡Un navío inglés! -grita el que observa. -Se conduce de proa a barlovento. -Esas palabras eran como fuego sobre polvora seca. - ¡Pongan la bandera y mantengan rumbo! ¡Malditos! ¡Es la flota de Amaro Pargo y sus corsarios! ¡Mirad su bandera! ¡Se alistan para atacar! ¡Sacad el ron que la diversión ha llegado y hoy es un día excelente para morir! Ja, ja, ja… ¡Alerta timón! ¡Izen las velas de trinquete y las gavias del mastelero mayor! ¡Preparad la munición! ¡Cargad con todo a proa! ¡Usen la metralla del metale más pesado! (1) Ja, ja, ja… ¿Qué si esta se acaba? ¡Usen hasta mi colección de vidrios de vaselina (5)! Ja, ja, ja… ¡Abordad!

Cabe decir que era extraño que el capitán dijera eso, porque esa curiosa vajilla de vidrio, procedente de la región de Oklo, situada en sudeste de Gabón (África), era uno de sus objetos más preciados[15].

- O mejor aún, contadles como perdí mi oreja para evitar las insanas mazmorras de la tierra natal de la primavera, de donde viene la metralla pesada (1). También, contadles de como rebané el gaznate del almirante Williams. Un único tajo para un combatiente sin talento. ¿Recordáis que tuvimos que nadar durante dos días, agarrados de un tonel de ron?

- ¿El buque donde casi perdemos la vida?
- El mismo.

Lo último dicho por el Capitán retrata fielmente la historia, pero es mejor que cuente mi versión de los hechos primeros: Habíamos sido sorprendidos en una cantina, medio borrachos, por un grupo de marinos de la armada americana. Por las caras que tenían, era claro que apenas si habían atracado en el puerto, y estaban deseosos

---

[15] Brillaba bajo la luz ultravioleta y por supuesto, ninguno de nosotros osaría usarla como metralla.

de una buena comida, un buen descanso y tal vez, mujeres. Así que nos dejaron bajo vigilancia de dos tenientes segundos que estaban castigados.

Nuestra estrategia fue la de simular estar lo más borrachos posibles, para tomarlos por descuido, al filo de la madrugada. Todo iba bien hasta que, a eso de las diez de la noche, apareció en las mazmorras del barco el Comodoro Maynard, y este no era un castigado e inocente chico. Al contrario, él era todo un lobo de mar, conocedor de islas, canales y arrecifes, cuyo servicio se remontaba casi a diez años, por lo que conocía de combates en alta mar, pendencias en tierra firme, navíos de toda suerte, fragatas y, lo más importante, juergas de piratas. La primera orden que dio al ingresar a la nave, fue la de revisar nuestros amarres.

Yo ya estaba liberado y trataba de liberar al capitán, después vendría Perronegro. Justo en el momento en que el capitán hizo la seña, Perronegro se abalanzó contra el primer teniente, mientras yo rodaba por el suelo con el comodoro. El capitán tomó por asalto al segundo teniente, dejándolo inhabilitado contra el suelo. Maynard se recuperó, saco su cuchillo y acertó en el pecho aun atado de Perronegro, hundiéndole la hoja hasta la empuñadura. Edwards tomó la pistola del teniente y abrió fuego, sacando del camino a Maynard. El segundo teniente tomó por sorpresa al capitán y le marcó de un tajo la cara, la oreja y el cuello. El capitán lo sacó del juego con otro disparo. Después, tuvimos que saltar por la borda, no sin antes lanzar un tonel de ron, el cual usamos como salvavidas.

Creo que este es el final. Lo se porque siento que mis tripas producen el mismo olor nauseabundo a que hieden los encomendados por el capitán para cuidar su tesoro, nuestro tesoro. Doce fogonazos se marcaron como contrato de trabajo. ¡Desgraciado! ¡Nunca presagiamos el fatidico destino que él tenía para nosotros! Y ya no hay duelo que solvente la disputa del metal en mi pecho, pues este parece guiar al treceavo. Siento que el frío del aire se queda entre mis huesos, y que la hinchazón de mi pecho se ha vuelto helada y rígida. Mi mano apenas si puede trazar estas líneas con dificultad.

Sé que, para las personas como nosotros, el final de nuestras errantes vidas representa tan solo un triste pensamiento que corroe como el ácido: "pudimos haber sido mejores". Si. El haber sido filibusteros, raqueros, corsarios o pelichenges, pudo traernos algo de felicidad -mucho más con una patente de corso en la mano- pero eso ya no importa. Cuando se vive entre la gente más despiadada, las nefastas sombras de la oscuridad traen una cóngoja que no tiene igual… Solo nos quedan la multitud de impresiones en océanos infinitos, islas exuberantes y siniestros parajes...

Si te animas a busca nuestro tesoro, ténlo por seguro que estaremos esperando por ti, raquero...

Britney se queda mirándome fijamente, pero, a decir verdad, no se qué decirle. Al igual que ella, sé que no existen palabras para explicar que el papá de tu hijo, y "mi amigo" no aparezcan. Mucho menos cuando te deja una carta así.

Referencias:

Autor desconocido. 4 de septiembre de 2015. Mundo de los Tesoros. Disponible en:
http://tesorosmagnolia.blogspot.com/2015/09/un-mapa-inexistente.html

Descubrir la química. Enero 2 de 2014. El polonio. Recurso disponible en:
https://descubrirlaquimica.wordpress.com/2014/01/02/el-polonio/

Gómez, Pedro. Octubre 20 de 2008. Conoce tus elementos - El argón. El Tamiz, Ignora lo accesorio, atesora lo esencial. Recurso disponible en:
https://eltamiz.com/2008/10/20/conoce-tus-elementos-el-argon/

Rodas. Marzo 7 de 2011. Telurio. Ecured. Recurso disponible en: https://www.ecured.cu/Telurio

Solá, Jaime. 13 de febrero de 2007. El cobalto y el níquel: los metales diabólicos. Celtiberia.net. Recurso disponible en:
https://www.celtiberia.net/es/biblioteca/?id=2481&cadena=HU

ELVA

Stuart Robertson. Edición 2010. La vida de los piratas. Barcelona (España). ISBN: 9788498920598. Editorial planeta.

Stevenson, Robert Louis. 1883. La Isla del Tesoro. Londres (Reino Unido). Colección: El libro de bolsillo-Bibliotecas de autor-Biblioteca Stevenson. Alianza Editorial.

Varela, José. Septiembre 10 de 2019. Los lantánidos. A Hombros de Gigantes, Ciencia y Tecnología. Recurso disponible en: https://ahombrosdegigantescienciaytecnologia.wordpress.com/2015/09/10/los-lantanidos-mosander/

Wermuth, Stefan. Febrero 22 de 2018. Coleccionista de vidrios de uranio vintage. Diario el Clarín, sección Sociedad. Recurso disponible en: https://www.clarin.com/sociedad/magia-cristales-uranio_0_ryJ3cIhPM.html

El café

Fragancia para el corazón,
que viene después del silbido
de un recipiente curtido
por el calor de un fogón.
Abre la argumentación,
la memoria y su agudeza,
para brindar la belleza
de forjar un pensamiento,
o navegar en el tiempo,
con una buena conversa.

Todo alrededor ambienta
de musgo, tierra y dulzura,
completando la conjura
con la exquisita menta.
Sin dejar fuera de cuenta,
para lidiar la rutina,
a la amarga cafeína,
ni a las vainillas tostadas,
que a las mentes agotadas
siempre el humor afina.

Referencias:

OpenClipart-Vectors. April 10, 2013. Pixabay. Disponible en: https://pixabay.com/vectors/beverage-caffeine-coffee-cup-2026113/

Regalo de Navidad

DECLARACIÓN JURAMENTADA

Este formato será utilizado por alguna autoridad policial o judicial.

Hoy, 25 de diciembre de 2016, siendo las 8:45 de la mañana, doy inicio a la presente diligencia, la cual no puede ser practicada conforme a ningún artículo, de ninguna ley, pues en mi país no se ha establecido una normatividad para esto. Sin embargo, continúo porque he llegado a la conclusión de que por más infantiles que puedan llegar a ser las dudas de un hombre, éstas deben ser expresadas.

El suscrito servidor, identificado como aparece al pie de mi firma, procede a escribir su propia Declaración Juramentada. -¿Frente a quién? -No lo sé con exactitud, pero quiero dejar en claro que digo la verdad. Esto debido a que reconozco la importancia moral y legal de mis actos y a las posibles sanciones que hubiere a lugar, una vez deje este mundo. Asumo al igual que en el más acá, que en el más allá no se está obligado a declarar contra uno mismo o, contra cualquier pariente dentro del cuarto grado de consanguinidad, de afinidad, o civil, ni a declarar sobre aquello que se nos ha confiado o allegado a nuestro conocimiento en razón de la profesión.

Hechos:

Siempre ha habido un día del año, de los muchos días que tiene un año, en los que mi frustración, curiosidad y desesperación han sido elevados a su máximo nivel. Todo empezó cerca la media noche, de esa noche, cuando el silencio de mi habitación se vio rasgado por el conocido crackeo que producen los materiales del piso, al ser estos empujados hacia abajo por una fuerza considerable. Este sonido vino acompañado de un ligero resoplido que surcó el aire del pasillo, característico de la respiración entrecortada de una persona, al compás de sus pulmones desgastados. Para completar esta curiosa sinfonía, de fondo se escucharon los largos, penetrantes y agudos chillidos de las puertas de la sala y la cocina de mi casa, una vez que éstas fueron sacadas de su quietud. Debo confesar que durante el tiempo en que mis venas estuvieron inundadas de inocencia e ingenuidad, me parecía hasta gracioso imaginar aquel misterioso obispo barrigudo de movimientos lentos y pausados, escabulléndose por los rincones de mi casa, robando cuanta comida encontraba a su paso. Bueno, eso era lo que mi mama decía.

Esta primera experiencia, de manera casi malévola, encendió mi curiosidad. Pero a medida que la altura de mi cuerpo fue abriéndose paso y que empecé a ser consiente de los peligros de la vida (los cuales mis padres nunca se cansaron de repetir), comencé a dudar un poco de dicho personaje. Esto porque parece costarle un poco enfrentar las reacciones de los demás y, además, porque no le gusta involucrar sus emociones en lo que hace (se escabulle de madrugada por entre los orificios libres de casas que no le pertenecen, para deja cosas en ellas y luego marcharse sin esperar la reacción de quienes reciben los paquetes).

Como resultado, una de aquellas noches, estuve tentado a llamar al 911, con el propósito de que la policía lo capturara. Pero al considerar la extrema velocidad con que este sujeto se mueve[16] (que de barrigudo no tiene nada), decidí no hacerlo, pues lo más probable era que cuando llegaran las autoridades, este ya no se iba a encontrar dentro de la casa y yo correría el riesgo de que la gente me tomaran por no cuerdo o peor aún, por mentiroso.

---

[16] Esto es porque para visitar aproximadamente 378 millones niños, no incluyendo en la lista a aquellos que son musulmanes, hindúes, judíos y budistas, en su larga y fantástica circunnavegación nocturna alrededor del mundo, solo cuenta con 31 horas del uso horario. Esto implica que en una milésima de segundo debe frenar, bajar del trineo, meterse por la chimenea, llenar los calcetines, tomar la leche y comer las galletas, salir de la casa, subir al trineo y marcharse.

Fue entonces, cuando pensé que el asunto no era un juego y que debía conocerlo de primer plano. Lo primero que hice, fue fijarme en su vestimenta: a simple vista parecía un bombero, pues siempre vestía de traje rojo, cinturón y botas negras. Y aunque tuve mucha suerte el día que visité la estación, pues las sirenas del lugar aullaban como locas anunciando una tragedia y todo el personal estaba vistiendo su uniforme, mi decepción fue grande al no encontrar ninguno que encajara en la descripción de mi madre: "un hombre de la tercera edad, de obesa figura y barba blanca" y mucho menos: "de movimientos lentos y pausados al andar".

Al cumplir nueve años, si quedaban algunas trazas de agrado en mi corazón por aquel tipejo, éstas se desvanecieron definitivamente al darme cuenta de que es capaz de detectar, escuchar y observar todo lo que hacen las otras personas. Y esto es con lujo de detalle. Lo digo porque, aunque yo siempre pensé que me portaba bien, en lo que a un niño respecta, mis vecinos, amigos y familiares siempre se enteraron de las todas mis travesuras. Esto me hizo acreedor de constantes reprimendas y castigos por mi comportamiento. Supongo que esa fue la razón por la cual, aunque nunca recibí pedazos de carbón, tanto la calidad como la cantidad de los presentes bajo aquel "árbol mágico", siempre fue en descenso. ¿No hubiera sido mejor, rojito, regañarme como todos lo hacían?

Y no se confundan con su tez rosada y sus ojitos dulzones, ya que de esto tiene muy poco. Lo digo porque cuando intenté demorarlo en la cocina, con la intención de poderlo conocer, mis esfuerzos siempre fueron en vano. De nada sirvió el mezclar algunas gotas del tranquilizante para ganado que mi abuelito guardaba bajo el viejo cobertizo, con la leche que mi madre siempre dejaba sobre la mesa, pues éste prefirió probar las galletas. Al principio creí que no le gustaba la leche, así que decidí cambiar de estrategia. Al final obtuve solo un vaso vacío y unos pasabocas que nunca fueron probados (fue como si leyera mis pensamientos o como si antes de ingerir la comida, hubiera tenido tiempo para analizarla…).

Pero si hay una cualidad en la que siempre he destacado, es en la persistencia o como dice mi abuelita, en ser un terco sin remedio. Otra noche (al mejor estilo de la película mi pobre angelito), con la esperanza de que doliente se conmoviera en darme la cara, rocié con agua jabonosa el piso de la cocina (no calculé que pude haberle dejado como regalo de vuelta un resbalón, el cual probablemente le hubiera causado muchos hematomas y también, abrasiones en sus brazos y piernas). Esa también fue la razón por la cual, decoré con diminutas tachuelas la silla contigua al vaso de leche y reemplacé con mi propio diseño de arena, las galletas que mi madre había dejado junto a aquella bebida (debo reconocer no se parecían mucho). Lo de las multicolores medias repletas de pegamento junto al árbol navideño y el hilo amarrado a la esquina del mantel, enredado a diferentes sitios en la cocina (para que el ruido y el tropezón lo delataran), debo confesar fue excesivo. Al igual que los agujeros en los cables de las luces navideñas. Te hubieras llevado la misma desagradable sorpresa que yo viví.

Pero luego de varios años, he decidido abandonar esta empresa. Esto porque esta mañana, al igual que todas las madrugadas que han venido después de aquellas noches, me he despertado con la quemante picazón que siempre acompaña la casi invisible protuberancia en mi frente, vivida en mis recuerdos, como si tan solo unos pocos minutos atrás, hubiese puesto esa caja llena de canicas sobre la puerta de la cocina. También, porque a diferencia de aquellas mañanas, el sujeto ha firmado de manera irreverente en mi mente, con cierto gusto y burla, por primera vez su última travesura: he escuchado su risa, llena de mofa, difundiéndose entre mi despertar y mis sueños, a medida que esta se alejaba de la casa: Jo… Jo… Jo... Por último, porque después del cuidadoso análisis forense que he realizado en la escena del crimen (recogida de muestras, cadena de custodia, etiquetado, preparación y análisis, etc.), digno de los máximos elogios de cualquiera de mis profesores de la universidad, no he hallado tan siquiera la más mínima pista de su irrupción, a pesar de que aparecieron varios objetos dentro de las gigantes y escandalosas medias bajo la chimenea y de la diminuta gota de leche que encontré resbalando por las paredes del vaso. Afuera de la casa, las cámaras apostadas en los semáforos cercanos, no mostraron evidencias de la existencia de un reno volador, pero como dicen mis amigos de "a mí me gusta la ciencia", "existen 300.000 especies de organismos vivos pendientes por clasificar", así que no puedo descartar su existencia.

Afortunadamente, escogí como carrera una rama de las ciencias naturales y sus teorías me han llevado a pensar que esta figura se relaciona en cierta medida con mi profesión. Esto porque encuentro en los fenómenos cuánticos, las únicas explicaciones posibles a lo que hace, sin importar que algunas de ellas aún sean difíciles de comprobar. Por el principio de incertidumbre de Heisenberg, el viejito literalmente puede encontrarse en cualquier parte en un momento dado, al igual que lo hacen los electrones en el átomo y, por teoría de la relatividad, puede viajar a través del tiempo y el espacio, lo que hace posible que el Santa este exista y, además, que sea capaz de cumplir todos sus compromisos con los niños cristianos e incluso, que le quede tiempo para burlarse de algunos.

Para todos aquellos que comparten esta inquietud, la renuncia a esta búsqueda es mi regalo de navidad. Más que un regalo, es una invitación a que continúen vigilantes, en orden de desenmascarar a este sinvergüenza, pícaro y desocupado viejo (pues ni siquiera se afeita), que, por un periodo del año, es capaz de meter a nuestros amigos, familiares y en general, a todo el mundo, en una espiral ascendente de bulla, consumo y euforia, haciendo que éstos transformen su manera de actuar. Si deciden aceptarla y si logran algún éxito, lo más probable es que los levante en hombros victoriosos y empiecen a ser mis héroes. Serán los poseedores de una de las respuestas más codiciadas por muchos: "conocer al responsable de llenar esas odiosas bolsitas".

Pdta. Al pensarlo con más calma, aquella fascinación que sentía no era otra cosa que simple interés, gracias a las recompensas que aparecían para mí al día siguiente.

No siendo más el motivo de esta diligencia, se firma a los 25 días del mes diciembre de 2018.

____

Declarante
C.C. No.

Referencias:

Apestegui Cardenal, Cruz. Pirates of the Caribbean: buccaneers, privateers, freebooters and filibusters, 1493-1720. London: Conway Maritime, 2002, pp. 21, 130-131, 142-143, 151-175. [Morris Library Folio F2161 .A6313x 2002].

Capitán Charles Johnson, A General History of the Robberies and Murders of the Most Notorious Pirates, 1724, reed. Conway Maritime Press, Londres, 1998.

Natalia Lavrinenko. July 10, 2017. Lavnatalia. Pixabay. Kiev/Ukraine. Disponible en: https://pixabay.com/illustrations/new-year-s-eve-christmas-holiday-3016864/

Robert Louis Stevenson. La isla del tesoro. Ediciones elaleph.com. 2000. Disponible en: http://web.seducoahuila.gob.mx/biblioweb/upload/Robert%20Stevenson%20-%20La%20isla.pdf

Robertson, Stuart. Edición 2010. La vida de los piratas. Barcelona (España). ISBN: 9788498920598. Editorial planeta.

Universidad de Valencia, España. (agosto 23 de 2018). A mi me gusta la ciencia. https://www.uv.es/. Disponible en: https://www.uv.es/~jaguilar/.

Frías revelaciones

Después de un almuerzo que me puso mal, y de unos poquitos minutos de incómodo sueño en la silla de mi oficina, le pregunto a mi asistente por el siguiente compromiso en la agenda.

- Doctor, tiene que visitar a Anita.

Ella no dice más, me pasa una historia clínica y se da la vuelta. Comienzo a leerla mentalmente: *"Paciente AGG HC No 10456, blanca, femenina, de dieciséis años de edad. Diagnosticada en la Clínica Monserrat con comportamiento depresivo y obsesivo por la contaminación y la limpieza. Remitida a las instalaciones del Hospital Santa Fe de Bogotá por requerimiento de sus padres. Esto fue el…, veintidós de marzo"*. Cuento con los dedos, *"hace… tres días. Según sus padres, tranquila, callada, tímida, triste, retraída, llora todo el tiempo... compulsión por el lavado, en la ducha emplea más de una hora… un litro de gel al día. No acude a clase."* Paso a la siguiente hoja. *"En tratamiento hace más de dos meses. carbamacepina, tioridacina…, alguna mejora. Voces dentro de su cabeza…, manos con piel agrietada y heridas, flufenacina…, tres veces al día, pseudo alucinaciones, Rotter deficiente… Bender…"* No.

-Señorita, voy a tener que pedirle que reprograma el Rotter. Además, que prepare todo para realizar una prueba de Rorschach.
-Si doctor.

Pienso que sería imprudente, sin ese examen, determinar las características individuales de mi nuevo paciente, es decir, la severidad de sus síntomas, comorbilidad, personalidad e impacto de la patología, etc. Por ahora, lo único puedo hacer es reducir su ansiedad y determinar mi propio diagnóstico. Tal vez, esto disminuya en algo la severidad de sus síntomas, así como su afectación funcional.

- ¡Ayuda aquíiii! Hola señorita. ¿Sala de psiquiatría?

El entusiasmo mostrado por uno de los recién llegados y la parsimonia y tímida sonrisa que la otra comparte con mi secretaria, se roban mi atención. Él es un adulto joven, de unos veintisiete años de edad, vestido de uniforme policial. Ella, una chica que probablemente lleve mucho tiempo en el hospital y a la cual nunca he prestado atención. El hombre se pone en frente del escritorio de mi asistente, en posición marcial y espera una respuesta por parte de la funcionaria de veinticinco años.

- Buenos días. Efectivamente, esta es. -Responde Dayana con una media sonrisa en su rostro. ¡Vaya sonrisa!
- Eeeh!... doctor Joaquín Peñuela. ¿Mmm?
- Buenos días, oficial. Yo soy el doctor Peñuela. ¿En qué puedo ayudarle?
- Mi doc., creo que esto es para usted.

Reconozco el formato apenas lo veo: *"Hospital Santa Fe de Bogotá. Remisión de pacientes a consulta con especialista en Psiquiatría"*. Comienzo a leer los detalles del mismo. *"Casilla de identificación: vacía, varón de 37 años, soltero. Ingreso a urgencias el día 23. Una y veintitrés de la tarde. En detención preventiva. Temperatura: 36.8…, arterial de 10/85, cardíaca 83lx. Posible fumador (manchas en dedos), …"* Con una seña, el oficial me pide que lo acompañe al área de pacientes en observación. Mientras paso a la siguiente hoja, mi cuerpo empieza a moverse. En ésta encuentro información más detallada: *"se precipitó desde unos quince metros de altura (azotea de un piso siete), mientras trataba de escapar de la policía. Fue auxiliado en medio de contenedores de basura…"* Volteo a mirar al hombre.

- Veo que ha tenido una tarde agitada.

- ¡Eeeh! ¡Tú sabes! ¡Las cosas que da el oficio!

Noto que la condición de mi paciente, en cierta medida, le genera cierta satisfacción al hombre. Continúo leyendo mentalmente: *"Problemas graves para su manejo en la sala (irritación, agitación, memoria difusa, ataque de pánico y pérdida de conciencia durante la cirugía). Se recomienda interconsulta con el servicio de psiquiatría. Posible hematoma subdural. Hematomas faciales en evolución y erosiones en cara externa de muslo izquierdo…"* Noto que mi andar es contenido por la mano del oficial en mi pecho y aquello es afortunado, pues de lo contrario, las escaleras me hubiesen dado un ejemplo modificado de lo que este pobre hombre está sufriendo. *"Residuos de drogas en su sistema. Manejo según protocolo de urgencias e ingreso al área de traumatología para manejo de luxación de tobillo con fractura asociada, micro fractura de cadera y fractura mandibular…, se realiza inmovilización con férula de yeso. Se recomienda no masticar. Se prescribe dieta de líquidos o alimentos blandos. Tratamiento de analgesia. Pendiente: psiquiatría"*.

Ingreso a una de las habitaciones, para ser exacto la 302. Allí veo a un adulto joven esposado a la camilla, tal vez, un poco mayor que el policía. No está consiente.

- ¡Maldito barrigón! ¡Wow! ¡Nos hiciste correr! ¡Uff! ¡Pero te atrapamos!

Pienso que quiero que el policía se vaya.

- Mmm, bien. Tomaré la remisión ahora mismo. En caso de que algo extraordinario suceda, o requiera información adicional, ¿puedo llamarle?

- ¡Claro mi doc., no problem! Aquí está mi tarjeta.

- ¿Le puedo pedir un favor? El hombre se queda mirándome fijamente. -Como se que harán entrevistas a los vecinos y familiares, me gustaría tener acceso a sus declaraciones. Usted sabe, para tener una perspectiva mucho más amplia de mi paciente.

- Claro mi doc., lo que la autoridad médica requiera.

- Gracias, señor… Carlos Valbuena. Subintendente de policía judicial. Tenga un buen día.

Apenas el hombre me deja, llamo a mi asistente. Le pregunto si este es el hombre que fue apresado hace dos días, del que todos están hablando. Ella me dice que sí. Quise preguntarle si algún familiar lo había venido a visitar, pero ella me sale al paso, indicándome lo apretada que está mi agenda hoy. Así que pospongo cualquier comentario adicional.

*****

La mañana siguiente, me reconforta la media sonrisa que Dayana tiene en su rostro. No se si es porque ella me recuerda mi juventud, cuando apenas empezaba en este negocio, o porque me gusta pensar que su alegría me contagia. Sé que ella se da cuenta que la observo de más, pero parece no importarle. Me dice que los medicamentos suministrados la noche anterior causaron un efecto positivo en el señor Pepito, pues está mucho más calmado, que *"ya recibió algo de alimentos"*. Si hay algo que siempre ha hinchando mi ego, es la sensación de conocer a cada uno de mis pacientes, por lo tanto, asumo que *"pepito"* es referido a nuestro fallido Spiderman. Ella también me dice que el hombre ha expresado algo de dolor. Bueno, es obvio ¿no? algo tiene que dolerte después de desafiar de esa manera a la huesuda y más, cuando las estrategias diseñadas para vencerla, fallan. También, que la luz del día le ha molestado.

Este precisamente es mi trabajo. Siempre me gustó pensarme como una especie de detective, siguiendo pistas unas veces y otras, como un embaucador mental, que hace su trabajo en la estación de autobuses del cerebro. Mi papel se encarga de reconocer las vueltas y devenires de meses y, a veces, años que llevan a las personas a abordar estos curiosos transportes los cuales, para mí, ya casi no resultan tan diversos y fascinantes. También de develar, si los hay, los procesos que ello conlleva, esos mismos que la mayoría de las personas prefiere ocultar o temer. Si, eso era yo. Un superhéroe multidimensional, ya viejo, que se preguntaba por las razones que motivaban a los pasajeros y que, algunas veces, más bien pocas, y eso era desafortunado, lograba traer uno que otro de vuelta.

Como ella sabe que tengo que hacer la primera entrevista a nuestro nuevo paciente, me pasa un folder que contiene toda su información, bueno, la disponible por ahora. También, pone una pequeña grabadora de cassette en el bolsillo izquierdo de mi bata. Antes de cumplir con el encargo, me dirijo a la cocina improvisada en una esquina del edificio, dejo de un lado la carpeta y sirvo un café. Adiciono dos cucharadas de azúcar a ese extracto caliente de cafeína y lo bebo pausadamente, mientras pienso que es curioso que este menjurje haya entrando a mi cuerpo desde hace ya casi 30 años, desde que empecé a trabajar en hospitales, y por alguna extraña razón no me enferma. Después, me dirijo a la habitación 302, mientras reviso, de nuevo, la información en la carpeta.

Esta es una de las partes más difíciles. Me refiero a que, si quiero realmente ayudar, debo llegar a ser realmente una parte del proceso, es decir, debo ganar la confianza del enfermo. También, que debo realmente preocuparme por mi paciente y por tratar de entender su mundo interior, por ser empático con lo que allí encuentre. Saco la grabadora de cassette del bolsillo, acciono el mecanismo para que empiece a grabar y la pongo sobre la mesa.

Transcripción entrevista número uno. Paciente NN, HC No 10457. Fecha: septiembre 26 de 1986. Hora: diez y cinco de la mañana. - Muy buenos días. - No hay respuesta de su parte. El paciente muestra una leve agitación psicomotriz en su cabeza. - Voy a hacerle unas preguntas para conocerlo mejor. ¿Le parece? ¿Cómo se siente hoy? - Me mira fijamente y manifiesta algo de agresividad. - ¿Cuál es su nombre completo? - A medida que intento establecer comunicación con él, su estado alerta cambia a un lenguaje limitado por susurros intermitentes, de los cuales apenas alcanzo a percibir algunas palabras: *"radiación"*, *"fotones"*, *"reflexión de la luz"*, *"paso 1, paso 2, paso3"*. Luego, piensa en la muerte, pues manifiesta que *"debía quitarlas de en medio"*, y *"ellas se lo merecían"*. Me causa curiosidad que mencione algo acerca de unas placas. Dice que *"se las robaron"*, que *"eso es malo"*. Intenta levantarse de la cama, manchando de sangre la parte de la sabana contigua a su cara. Le impido que se levante y llamo a mi asistente. Le indico que debe administrar ácido valproico, a razón de 200 miligramos cada doce horas, y que mantenga el esquema de sedación. Eso para que no empeore sus heridas.

En horas de la tarde recibo una llamada del teniente, la cual me aclara en algo el panorama, pero no mucho. Este me dice que el nombre del sujeto es Nelson Rosales, el cual es un fotógrafo desempleado y, al parecer, vive solo en la región del Tintal. Me dice que ha hablado con algunos de sus vecinos, y que tiene información interesante para mí. Mañana en la mañana vendrá a visitarme. Cuelgo el teléfono.

*****

- Urgencias reportó una llamada, informando que en una casa había un olor extraño. Tal vez, una fuga de gas. Estábamos cerca, así que decidimos ir a mirar. La casa era vieja, de madera y tenía sus escalones principales rotos. Las bases se veían todas carcomidas. Eso son puras termitas. Mi madre solía regarles aceite quemado. Golpeamos en la puerta y en seguida escuchamos unos ruidos extraños. Ninguno respondió nuestros llamados. De pronto, mi compañero observa alguien corriendo por la puerta trasera y grita: ¡Alto ahí! Pero el tipo no hace caso, así que empezamos a perseguirlo. El hombre ingresa a un edificio de parqueaderos e intenta esconderse en la azotea, detrás de una cornisa. ¡Pero qué tipo tan de malas! La cornisa se le rompe y este loco cae en medio de unos botes de basura. Después, llamamos la ambulancia. En el hospital se enloquece, así que decidimos esposarlo a la camilla. Al principio, pensamos que se trataba de un simple vendedor de drogas, pero al revisar su casa no encontramos nada. Aún no sabemos por qué corrió y tampoco hemos encontrado un familiar cercano. ¿Usted sabe algo doc.?

- Lamento no saber, hasta ahora, mucho. El ala de cirugía me lo envía bajo sospecha de que el hombre tiene una condición mental. Por ahora, no he podido hacer mucho, pues el paciente ha estado muy estresado, irritable y compulsivo. Lo mantengo sedado mientras se calma. Tampoco ha aparecido algún familiar.

- Hablando de eso, visité a una de sus vecinas. Es la señora Rosemary, una anciana de 65 años. Me dijo que no eran muy cercanos, pero que el Señor Rosales siempre ha sido muy amable con ella, que suele ir visitarla varias veces al mes. Después, me dijo que solían salir juntos, pero que ahora solo comparten café, galletas y hablan de muchas cosas. Me dijo que nada le parecía extraño en el hombre, salvo que es reservado y se la pasa sentado por largas horas frente a su balcón, observando viejas placas metálicas grabadas con imágenes y murmurando quedamente agudos sarcasmos. Para serle sincero, creo que la viejita no está muy bien de la cabeza. ¡Ah! y parece ser que bebe cada viernes en la noche. Tengo una placa que encontré en su casa, por si quiere verla.

Debo confesar que me acerque como un niño. Placas, fotografías, imágenes... Empezaban ya a rayarme esas palabras. El hombre me pasa una caja con bordes de bronce y protegida por un vidrio, en donde había una imagen brillante en sepia, bien definida y en alta resolución. Claramente, se nota que no es antigua. En su parte posterior tiene una inscripción:

El final: 3 de 3. 5/10/1986.

Es curioso que la fecha esta adelantada en el tiempo.

- ¿Trabaja haciendo esto?

- Al parecer, sí. Encontramos varias cámaras antiguas y un cuarto diseñado para revelarlas, además de muchos frascos con reactivos de laboratorio. Estamos rastreando la procedencia de los reactivos, para ver si encontramos algo.

- ¿Puedo quedármela? Bueno, si no le molesta.

El oficial ofrece cierta resistencia a mi requerimiento, pero cuando le menciono que su uso va a estar enmarcado dentro de la confidencialidad paciente-doctor, acepta. Además, según dice, no ha encontrado evidencia de que el hombre estuviese cometiendo algún delito, aunque tiene la sospecha de que en esa imagen está la razón de haber huido. Finalmente dice:

- Está bien, la verdad, no tengo ni la intención, ni el tiempo para concentrarme en pequeñeces. Tenemos un caso realmente importante, que tiene a todo el departamento devanándose los sesos. De todos modos, doctor, si encuentra algo, no dude en hacérmelo saber.

- Muchas gracias.

Pienso que lo curioso de esta conversación, no es la información que el oficial me ha brindado, sino las dudas que quedaron instaladas en mi cabeza. ¿Qué habrá querido decir con *"en ella está la razón de haber huido"*?

Transcripción entrevista número dos. Paciente Nelson Rosales, fotógrafo. HC No 10457. Fecha: septiembre 27 de 1986. Hora: nueve y cinco de la mañana. Las esposas han sido retiradas del paciente. Señor Nelson, ¿Cómo se siente hoy? No hay respuesta de su parte. ¿Recuerda lo que pasó? Silencio. Pruebo algo diferente. Saco un puñado de papeles, recortes de periódicos y acetatos de radiografías, entre otros y el paciente inmediatamente reacciona. Me mira fijamente y sin disimular el movimiento involuntario de su cabeza, extende su mano. Le entregó todo el paquete. Es curioso como este logra separar la única imagen traída por el policía, mientras desecha las demás. Intento abordarlo con algunas preguntas, pero este inmediatamente se retrae y no contesta ninguna. Bueno, eso fue un avance.

*****

Transcripción entrevista número tres. Paciente Nelson Rosales, fotógrafo. HC No 10457. Fecha: septiembre 28 de 1986. Hora: once y veinticinco de la mañana. He notado cierta mejoría en la actitud del paciente, ya que su irritabilidad y agitación ha disminuido, pero se encuentra confundido y desorientado, con pensamientos, conductas y lenguajes incoherentes a la situación. Debe ser el efecto de los medicamentos. Es curioso que, aun teniendo su amada placa fotográfica, que no es más que una imagen de él mismo en una playa con una bata blanca, continúe pidiendo más de ellas. Sin embargo, pienso que es muy pronto para preguntar sobre esas placas, así que me concentro en hablar de otras cosas.

¿Cómo se encuentra hoy?

Al principio hubo un silencio, pero después de unos segundos, en un susurro el hombre atinó a balbucear lo siguiente:

-    Hola.

No se si escuché bien. Sorprendido por la respuesta, observo como el paciente trata de levantarse, pero yo le hago desistir de su propósito.

- Se que aún no se puede sentar. Así que trate de no moverse. ¿Cuál es su nombre completo? - Inquirí

Silencio de nuevo. Mmm, puede ser que haya algo de amnesia que no haya notado.

- ¿Quién es usted?

- Placas de fotografía.

- Eso, hábleme de la fotografía. ¿A usted le gusta la fotografía? Ese es su trabajo, ¿cierto?

Pienso que más que una entrevista, esta sesión es algo extraña. Es probable que el paciente sufra algún tipo de intoxicación, aguda o crónica, debido a los químicos con los que ha estado tratando. También puede ser posible que alucine.

- Sigue el camino de la luz.

- ¿Cómo?

- El camino de la luz. Frecuencia, longitud, fotones, color, reflexión…, radiación.

- ¿El camino de la luz tiene que ver con física?

- Frecuencia, longitud, fotones, color, reflexión…, radiación. Paso1, paso 2, paso 3. Frecuencia, longitud, fotones, color, reflexión…, radiación. Paso1, paso 2, paso 3. El camino de la luz.

- ¿Cómo hago eso?

- Paso1, paso 2, paso 3... Paso 1, paso 2, paso 3. Paso 1…

El paciente se queda en silencio por unos segundos, luego sube lentamente su cabeza, observa fijamente la pared y, con una expresión fría y dantesca, pronuncia las siguientes palabras:

- Debía quitarlas de en medio, ellas lo merecían.

Silencio por unos segundos.

- Se las robaron, eso es malo.

Ahora soy yo quien empieza a estresarse. Sin embargo, no pierdo la calma.

-- ¿Cuál es el paso 1?

- Nevera.

- ¿El camino de la luz está en la nevera?

- Frecuencia, longitud, fotones, color, reflexión…, radiación... Paso1, paso 2, paso 3.

Al finalizar la sesión, el paciente sufre un ataque de pánico, por lo que administramos benzodiazepinas. También subo la dosis de ácido valproico a 400 miligramos cada doce horas y formulo risperidona, tres miligramos cada veinticuatro horas.

Como luciérnagas en la noche, la imaginación y curiosidad se prenden en mi cabeza, rodando cuesta abajo, como si se tratase de nieve. Durante el almuerzo, el camino de la luz flota por encima de las arvejas y la ensalada, hasta finalmente pesar como un lastre en mi concentración. Visito dos pacientes más, un paciente con esquizofrenia y otro con trastorno bipolar. ¿Luz? No, el nombre de la paciente es Andreina. Prescribo carbamazepina, tioridacina, nevera y flufenacina. ¿Perdón? Mis ideas de diagnóstico se confunden con las de ese hombre. Creo que no voy a poder concentrarme hasta no saber que hay detrás de esa nevera.

Cancelo las demás entrevistas de la tarde, subo a mi auto y busco la dirección indicada por el policía: Carrera 18 No. 12-46. La casa es exactamente como él la describió. Observo la puerta principal semiabierta, miro a mí alrededor para asegurarme que nadie me observa y luego la empujo con mi mano. La madera cede al mismo ritmo molesto del ruido que va produciendo, acelerando mis latidos a mil. Primer paso y tanto el zapato como la tabla se acomodan a regañadientes. Segundo paso, tercer paso, ya estoy en la sala. Frente a mí, una vieja nevera con su puerta entrecerrada. Me acerco a ella, la abro y veo que no guarda mucho en su interior: unos frascos plásticos, dos ollas, unas bolsas de aluminio y algunos frascos con reactivos. No veo ningún "camino de la luz".

- ¿Querrá decir, enciéndala?

Busco el enchufe. Este parece estar en mal estado. Los cables están pelados y el óxido recubre todo el metal, esto hacen que dude si el fuetazo lo vale. Bueno, no sabré nada hasta no hacerlo. Pongo mi mano sobre la pared, acerco el enchufe y…, noto que el papel de colgadura está suelto. Qué raro. Lo levanto y efectivamente, ahí está. La pared tiene un hueco que juega como falsa repisa, y sobre ella, una especie de cuaderno de notas. En color rojo y en letras gigantes se lee: "El camino de la luz". A un lado de él, una segunda fotografía parecida a la primera.

*****

Después de visitar dos pacientes, hago una pausa en mi trabajo para revisar lo encontrado. El cuaderno está viejo, agrietado, descolorido y manchado. Los bordes de las hojas parecen carcomidos por las ratas. Está lleno de anotaciones. Por fortuna lleva un orden, pero la caligrafía no es muy buena. Tiene tres secciones:

1. ¡Matar el instante para vivir por siempre!
2. El secreto de un secreto.
3. Todos somos pasado, ellas siempre serán presente.

Describiré a continuación cada uno de ellos.

Matar el instante para vivir por siempre.

Ya en el siglo XVIII, se hicieron los primeros intentos para, de un solo golpe, encapsular para la eternidad esos lisonjeros y esquivos instantes electromagnéticos. Sus primeros aniquilamientos fueron en la sombra[17]. Desde entonces, data un nuevo hombre, que ha alcanzado proporciones extensísimas en este campo: el guardián.

El sol es la clave, pues es ahí donde comienza el trayecto. En su camino, la luz interacciona con la materia, haciendo que esta reciba su energía. Como lo que expresa el universo, son sus porciones más bellas, la materia se manifiesta a través del color: ese juego orquestado de ilusiones visuales que, aunque incompletas, siempre fascinan por su belleza y son una muestra de su propia complejidad. Es tan especial que solo un pincel de tan fino cabello es capaz de dibujar, en volumen, la forma y naturaleza que nos rodea, revelándonos un mundo de texturas que, de otro modo, resultarían esquivos a nuestra memoria.

El artificio está en reproducir, con mayor o menor fidelidad, la apariencia de la realidad y la solidez de sus objetos. Algunos lo hacen a través de la pintura, otros con la escultura y otros, como yo, con la fotografía. Pero ahí no queda todo. La labor se vuelve más complicada cuando queremos manifestar las emociones. ¿Cómo dibujar la emoción? Se tiene que tener una pisca de genialidad, un buen equipo, las onzas correctas de momento decisivo, dos cucharadas de lugar preciso y dos goticas de suerte.

Pero el objeto no puede ser cualquiera, debe tener un significado para quien retrata. Desde mi punto de vista, se debe establecer una relación íntima con él, ya que se trata de quitarle instantes. Para mí, el mejor instante proviene de aquellos sentimientos del lado oscuro que, de repente, golpean todo y fácilmente lo ennegrecen. No hay nada más íntimo para compartir que el dolor y el miedo. Estas son las más puras e ínfimas alícuotas de la vida. Me explico, son sensaciones que, en el precipicio y aun sabiendo nuestro destino, se presentan ante nosotros con una pureza tal, que nuestros cuerpos

---

[17] Schelee reconoció la propiedad de los cristales de cloruro de plata, de ennegrecerse bajo la luz del sol.

son incapaces de entregarlas, aún hasta en el último aliento.

¿Ésta parece así?

*****

Transcripción entrevista número cuatro. Primera parte. Paciente Nelson Rosales, fotógrafo. HC No 10457. Fecha: septiembre 29 de 1986. Hora: siete y cinco de la mañana. En el momento de la entrevista, el paciente estaba dormido. Dayana expresa que el día anterior, al finalizar la tarde, el paciente expresó un cambio favorable en cuanto a su aspecto, así como una baja inesperada en su crisis de angustia e Irritabilidad. Lo dejaré dormir para que continúe su recuperación.

El secreto de un secreto.

Muchos de estos guardianes, como Wedgwood y Davy, nunca

imaginaron su poder, hasta que Niepce los dirigió hacia la cámara oscura. Finalmente, la magia apareció de la mano de Daguerre, quien develó la exquisita sensibilidad de la plata a los vapores de yodo.

Pero volvamos al principio, ¿Cómo se hace? Hay que tener una idea, la cual impregnaremos en la placa. La placa debe ser refinada, manipulada y moldeada antes de su uso, pues de esto depende la pureza de la imagen. A la placa de cobre[18] hay que doblarle los bordes, echarle por encima algunas gotas de esencia de trementina (o alcohol) y un poco de trípoli[19], y frotar en sentido circular con algodón. Esta operación le quita las manchas, la grasa y los cuerpos adheridos. Luego de eso, se debe frotar nuevamente en seco con mas trípoli y algodón. La verá usted hermosa, pero, aunque no lo crea, aún sigue sucia. Luego de eso, se debe usar el pulidor como un cepillo de carpintero, empapándolo de rojo-inglés (peróxido de hierro). No se demore mucho, de lo contrario la magia empezara a irse. Adicione dos capas de rojo, de la misma manera, pero esta vez más rápido. Sabrá que ellas están listas, si el aliento condensado sobre la superficie tiene el aspecto de un cristal raspado y al evaporarse no dejará rayas ni manchas. Ahora si esta hermosa y limpia.

De otro lado, ¿Qué será el objeto? ¿Qué características tendrá? ¿Cómo llegaremos a él? ¿Cómo lo haremos más bello? Son operaciones de mucha paciencia y cuidado. Lo primero, será preparar convenientemente la placa. Para ello necesitamos de una barra de cera de modelar, un pincel, una caja de porcelana con yodo puro y una de yodo mezclado con cal bromada. Se calentarán los dos recipientes hasta que se produzcan vapores. Luego se fijará la placa a una varilla de cera, se limpiará con el pincel sus posibles residuos y se herirá boca abajo en el recipiente con el yodo. Se levantará cada diez segundos para permitir la salida de vapor. Usted empezará a ver una tonalidad amarillo claro, posteriormente una

---

[18] Es una lámina delgada de cobre, a la cual se le ha añadido una película de plata mediante electrolisis.

[19] Arcilla silícea blanca, compuesta de silicatos, alúmina y óxido de hierro. Es usada como agente mecánico de pulido. En la actualidad, seria similar a usar piedra pómez hecha polvo.

amarillo paja y, al final, una de color oro oscuro. Luego se colocará la placa en la segunda caja hasta que esta adquiera un color rosado. Se introducirá de nuevo en la primera caja, pero no se la dejará mucho tiempo. Finalmente, se la pasará a la cámara. Ahora, ya estamos listos para hacer que el instante viva por siempre[20].

- Doctor Peñuela, hay una llamada para usted en la línea tres.

- Gracias, Amanda.

La chica se da la vuelta para salir de mi oficina, y como si se tratase de un imán, mis ojos se fijan al vaivén de sus caderas, mientras tomo con mi mano derecha el teléfono, casi sin darme cuenta.

- ¿Doc. Peñuela?

- ¡Ah! ¿Sí?

- ¿Doc. Peñuela?

- Si. Con el habla. ¿Con quién hablo?

- Subintendente de policía, Carlos Valbuena. ¿Está ocupado?

- No, tranquilo, es que no reconocí su voz. ¿En qué puedo ayudarle?

- Gracias, doctor. ¿Recuerda usted que le hable de un caso..., que tiene enloquecido a todo el mundo en el departamento?

- No mucho, la verdad.

---

[20] Para sensibilizar la placa, debemos tratarla con yodo en la cámara, así producimos un haluro fotosensible de plata.
$Ag/Cu + I_2$ (vapor) $\rightarrow$ AgI (precipitado) / Cu
$Ag/Cu + Br_2$ (vapor) $\rightarrow$ $AgBr$ (precipitado) / Cu
La combinación de colores de las sales, junto con el fondo plateado que da el recubrimiento de cobre, le da una coloración rosada a placa.

- OK. Mmm, doc. ¿Es posible hablar unos minutos con usted, en privado? Me gustaría saber que piensa sobre un caso que estamos llevando, sería muy importante.

- Claro, no hay problema, pero tendría usted que venir a mi oficina.

- ¿Tiene tiempo libre mañana en la tarde?

- Puedo hacer un espacio para usted a las cuatro. ¿Le parece bien?

- Me parece: ¡perfect!

- Está bien. Entonces, lo espero mañana.

- Gracias, doc.

El alboroto que forman las chicas fuera de la oficina hace que preste poca atención a las palabras del capitán. En vez de eso, me levanto, me dirijo hacia la puerta y al llegar a ese lugar, observo que Dayana esta con un grupo de enfermeras, riendo y moviéndose de manera nerviosa en el pasillo. Es claro que algo les ha causado conmoción. Al observarme, su ansiedad desciende gradualmente y su cuerpo se endereza hasta alcanzar la rigidez. Se acerca hacia mí y en un tono de voz un poco helado, me pregunta si necesito algo. Le expreso con una mirada, algo nerviosa, que mi atención ha sido cautivada por el alboroto de ella y su grupo. Dayana se pone de nuevo nerviosa, pero esta vez, no es de fascinación, sino tal vez, de miedo. En ese momento, noto que tengo mis manos a nivel de la cintura y que esta actitud puede estar resultando hostil para ella. Sin decirlo, bajo las manos. La chica me dice que el paciente Nelson Rosales ya reconoce en donde se encuentra y que su estado de ánimo es mucho mejor. Al parecer, ha flirteado de manera muy elegante con algunas de sus compañeras. La media sonrisa, dibujada en el rostro de mi contraparte, indica que con ella también ha sido.

No digo nada más, me pongo la bata, tomo los papeles a un lado de mi escritorio y, sin demora, me dirijo a la habitación 302. Es curiosa la manera como mi paciente ha evolucionado.

Transcripción entrevista número cuatro. Segunda parte. Paciente Nelson Rosales, fotógrafo. HC No 10457. Fecha: septiembre 29 de 1986. Hora: cuatro y cincuenta de la tarde:

- Buenas tardes.

- Buenas tardes.

- ¿Usted es don…?

- Nelson

- ¡Ah! si. ¡Que tonto! Aquí esta escrito. Nelson Rosales.

- Cuénteme don Nelson, ¿Cómo se encuentra hoy?

- Bien doctor, muchas gracias.
- Algún dolor en el cuerpo, mareo náuseas, desorientación. ¿Alguna cosa que contarme?

- No mucho, doctor. La verdad, no recuerdo porque estoy acá. Tengo unas heridas en mi cara, como si me hubieran pegado, un yeso en el pie y una leve molestia en la cadera.

El hombre me dice que vive en el Tintal y que se gana la vida como fotógrafo antiguo. Lo último que recuerda es que estaba preparando unas placas para ir a tomar unas fotografías, a la plaza central. ¡Ah! y que antes de eso estaba consumiendo cocaína. No cree cuando le digo que salió corriendo de la policía y le parece un milagro que hubiese caído desde semejante altura y, más aún, que esté vivo.

Aunque aún no tengo claro que es lo que le ha pasado a este hombre, y siento mucha curiosidad, lo voy a dejar en este punto. Esto porque estoy muy cansado y es casi el tiempo de ir a casa. Así que le digo al paciente que no se preocupe, que nos haremos cargo de él, como hasta ahora lo hemos hecho y que mañana en la mañana trataré una breve hipnosis, a ver si recuerda algo. Los medicamentos, por ahora, seguirán igual.

*****

Al día siguiente, llego temprano a la oficina, me sirvo un café, y tomo el diario. Debo leerlo antes de visitar a don Nelson.

Todos somos pasado, ellas siempre serán presente.

¿Qué más necesitamos para esta operación? Una cámara oscura, que atraiga lo mejor de la poca luz que queremos atrapar, y un paño negro que la cubra. La posición es importante y, en lo posible, pídale al sujeto que observe un punto fijo en la distancia, esto es para que no parpadee. No dude en utilizar cualquier clase de apoyo o sujeción para que no se mueva. El fondo y la decoración son a gusto personal. No podemos fijar un tiempo para la ejecución, pues eso depende del gusto de cada cual, de la luz, del tipo de placa, etc. Personalmente, sugiero que sea rápido. Traslade la placa en completa oscuridad, pues no queremos que la ni luz, ni los chismosos, velen nuestra creación.

¿Cómo saber que somos buenos? El ejecutante solo conocerá, de manera exacta, el alcance de su arte, solo con la exposición del mismo, en la caja de mercurio. La luz debe ser tenue, rojiza y densa, pues esto hace que la escena sea espectacular. La idea es ir por etapas, calentando el mercurio para que este, de manera parcial, vaya revelando la imagen. En esto tengo que decir que desconfío del siniestro mercurio. ¿Por qué? Porque a diferencia de la mayoría de líquidos que vertimos, este se comporta diferente: se dispersa continuamente sólo para sanar al instante sin dejar mella. No importa cuanta energía empleemos en partirlo, este siempre amortigua el golpe y se regenera, al igual que la turba que, a veces, queremos concientizar con acto horrendo, pero al instante lo olvida. Pero lo más curioso es que, si lo calientas, sus vapores se difunden engañosamente por todo el lugar. Solo bastan 60 grados, su temperatura no debe subir más y en cuatro minutos de exposición la placa habrá adquirido todo su vigor, luego podrá retirarse. Sáquela de la cámara, y de un solo golpe, sumérjala en una solución de hiposulfito de sodio (80 gramos en 500 mililitros). Así, toda evidencia de yoduro desaparecerá. Luego, lave con abundante agua. Si desea darle unos tonos más vivaces, trate la imagen con sal de oro[21] avivada al calor. El procedimiento es el siguiente: adicione con una pipeta la solución de sal de oro, mientras se calienta la placa por debajo con un mechero, hasta que los blancos de la imagen tomen un aspecto mate. Sumerja de nuevo en hiposulfito, lave con agua y finalmente, seque al calor[22] . Hemos finalizado. Permítase un tiempo para que el volátil mercurio se decante. Eso es todo.

Transcripción entrevista número cinco. Paciente Nelson Rosales, fotógrafo. HC No 10457. Fecha: septiembre 30 de 1986. Hora: ocho y diez de la mañana. Después de los correspondientes saludos de rigor y el intercambio de algunas frases insustanciales, invito a mi paciente a ponerse cómodo. En un tono de voz tranquilo, claro y alto, sugiero que haga su respiración acompasada y lenta. Luego, recorro con mi voz todas las partes de su cuerpo, pidiéndole que las relaje. Repito este ejercicio dos veces. Una vez el

---

[21] Una solución de hiposulfito de sodio y cloruro de oro en agua.

[22] En los lugares donde incide la luz, los haluros de plata fijados sobre la superficie de la placa se descomponen, ya que la luz tiene la energía necesaria para hacer que un electrón migre del halógeno al metal, haciendo que este último se reduzca:

$AgI + h\nu$ (luz solar) $\rightarrow Ag^+ + I + e^- \rightarrow Ag$ (precipitado negro) $+ I_2 + AgI$ (lo que no reacciona)

$AgBr + h\nu$ (luz solar) $\rightarrow Ag^+ + Br + e^- \rightarrow Ag$ (precipitado negro) $+ Br_2 + AgI$ (lo que no reacciona)

La plata metálica se precipita sobre la placa de cobre como cristales negros, dejando marcas oscuras que delinean la figura de la imagen que ha traído la luz. En las partes donde la luz no incide, el yoduro de plata se mantiene inalterado y es fácil de reconocer como manchas blancas o rosadas.

Cuando exponemos la placa a los vapores de mercurio, se forma una amalgama dura e insoluble de plata y mercurio, que evita que cuando saquemos la placa de la cámara oscura, la imagen se pierda.

$Ag/Cu + Hg$ (vapor) $\rightarrow Ag\text{-}Hg/Cu$

Al sumergir la placa en la solución de hiposulfito de sodio, este se encarga de eliminar todo el yoduro de plata que no reaccionó, dejando la película de plata metálica descubierta, ya que ambos compuestos resultantes son altamente solubles en agua:

$AgI + 2 Na_2S_2O_3 \rightarrow Na_3[Ag(S_2O_3)_2] + NaI$,

La sal de oro se aplica para hacer más fuerte y durable la aleación, así como para darle una mayor nitidez y un aspecto mate a la fotografía.

$Au_2Cl_3 + Ag\text{-}Hg/Cu \rightarrow Au\text{-}Ag\text{-}Hg/Cu + Cl\text{-}$ (soluble).

hombre está preparado, le pido que permita a su mente entrar en sus recuerdos y empiezo haciéndole unas preguntas sencillas. Luego le pido que me hable de su fascinación por el miedo. Lo que viene a continuación será transcrito con las mismas palabras que él usa:

"Ese ha sido mi mayor anhelo. Lo reconocí de niño, una tarde que una madre golpeaba a su hija. Llegó hasta mis ojos como algo minúsculo, apenas perceptible, pero con una sutileza y finura tan excepcionales, que no podía dejar de observarlo. Mi poca concentración hacía que se escapara una y otra vez a mi percepción, bloqueado y disperso por las emanaciones lumínicas de los muchos objetos que se encontraban alrededor. Esa migaja, tono de fragancia, o no, todavía menos, indicio, me dio la certeza de que debía conocerlo mejor. Fue ahí cuando tuve la sensación de que aquella expresión era la clave que respondería por que la gente se comporta como lo hace. No podía entender nada de la naturaleza humana si no entendía precisamente esta y desperdiciaría mi vida si no conseguía poseerla. Apenas era un niño, por lo que no supe cómo hacerlo en ese momento y eso me hizo sufrir".

"A medida que fui creciendo, aprendí que esos lisonjeros y esquivos instantes electromagnéticos eran experimentados en los momentos de inquietud, y venían con el estremecimiento que trae el factor sorpresa, el sobresalto y la irrupción de lo inesperado, es decir, cuando aparecen los temores olvidados. Es cuando la gente se queda pasmada, no intenta gritar, no se mueve, no hace ningún gesto de rechazo a su destino, pero se niegan a entregar esa más pura e ínfima alícuota que le queda. Ese es el juego orquestado de ilusiones visuales que intento atrapar con mi cámara. Se que lo hago de manera incompleta, lo sé, pero siempre me ha fascinado su belleza. Algunas veces, hay que ayudar".

- ¿Ayudar? ¿Cómo lo ayudas?

- *"Bueno, una imagen puede ser cualquier cosa para alguien sin talento. Rodrigo me ha dicho que, si no queremos perder absolutamente nada de su belleza, ni que se reflejen, refracten y difracten sus propios tonos a nuestro alrededor, o que otros tonos hagan lo propio sobre nuestro arte, debemos controlarlo todo: las placas, el ambiente, los objeto, la cámara, los métodos, los lavados, y la disposición final".*

Me muero por preguntarle quien es ese tal Rodrigo, sin embargo, prefiero no interrumpir las ideas que salen de su mente.

- *"Y no siempre el objeto se haya en la mejor disposición para ser retratado. No es su culpa, es solo que he aprendido al olvidar. Por eso, hay que enseñarle a nuestro objeto a sacar lo mejor de sí, es decir, sus sentimientos. Los mejores tonos de las paletas de un pintor, las sombras agazapadas en la oscuridad, los reflejos degradados sobre el agua, los matices que proporciona el tiempo, los colores del arco iris, las disposiciones estructurales de los objetos, las manifestaciones visuales del comportamiento, los contrastes agresivos de la naturaleza y los ritmos de la percepción, que muchas veces tienen que ser forzados, algunas veces con violencia. Lo se, a veces, mis pensamientos resultan incomprensibles, indescriptibles e imposibles de clasificar antes una disposición como tal".*

- ¿Y cómo se siente haciendo eso?

- *"No es fácil. Esto es lo que pasa cuando una fuerza imparable choca contra un objeto inamovible: ambos se consumen lentamente. A veces, veo los cabellos rojizos, el vestido gris sin mangas, los brazos blancos y las manos amarillas por la droga. Otras, sus olores se impregnan en mi hasta en el último poro, abrumándome completamente y amenazando con ahogarme. Pero me entrego sin reservas, pues siento que este es mi destin...".*

Noto que el paciente comienza a tensar sus músculos, está sudando y tiene ligeros espasmos nerviosos. Creo que lo he forzado demasiado así que, sin dudarlo, lo saco de su estado de trance. Luego de varios minutos logro tranquilizarlo, pero al observar su diario sobre la mesa, su semblante cambia inmediatamente, se levanta de un salto, lo toma, me mira fijamente y dice:

- Quiero que me den de alta. Ya me siento mucho mejor, doctor. Mi pierna casi no duele. Quiero irme a casa.

Le digo una mentira para retenerlo en la habitación y difícilmente lo consigo. Llamo a mi asistente y le pido que acompañe al paciente hasta que regrese. ¿Será posible? Puede ser, bueno, no debo llenar mi cabeza con ideas sin sentido, pero es claro que debo elaborar un diagnóstico del estado mental de este paciente. Pienso que fue una buena idea haberlo remitido a psiquiatría.

Al ingresar a mi oficina, me encuentro con la ya más o menos familiar figura del subintendente Valbuena. Por primera vez y sin saber por qué, me produce alegría que el hombre haya venido.

- Doc. Peñuela, me da pena molestarlo en su trabajo.

- No se preocupe oficial. ¿En qué puedo servirle?

- Es una consulta personal, bueno de trabajo, bueno no de su trabajo, del mío.

Presiento que esto se va a ir largo.

- Haber le cuento, doc. Primero que todo, quiero que sepa que este es un caso confidencial, que lo que hablemos acá, no puede ser comentado. Es entre usted y yo. ¿Vale?

No respondo nada. El oficial toma mi silencio como la confirmación del acuerdo.

- Estamos trabajando sobre dos casos de asesinatos de mujeres. Para mí es el mismo caso, es decir, un asesino serial, pero mis compañeros no piensan lo mismo. ¿Puede usted, que es psiquiatra, ayudarme a comprender?

Quise decirle que para eso debía contarme todos los detalles de los crímenes, pero el hombre le salió al paso a mis pensamientos.

- Los dos casos son de mujeres de 25 y 27 años. Golfas o prostitutas. Las dos fueron abandonadas en parajes solitarios. La una el 28 de julio de este año, cerca de la quebrada San Francisco y la otra, el 21 de agosto, en las delicias. No fueron robos, pues se encontraron sus joyas, cartera e identificaciones en el lugar. Una de ellas tenía dos pulseras, para ser más exactos, una de cuerda y la otra, de cuero. El reporte meteorológico indica que los cadáveres fueron abandonados en noches de poca visibilidad, con luna nueva. La primera llevaba 8 horas de fallecida y la segunda, 48 horas. A pesar del amplio dispositivo policial implicado en la búsqueda de pruebas, aun no tenemos un sospechoso. Ambos cuerpos presentaban las mismas características: marcas de ataduras en las manos, no se encontraron rastros en uñas, cabello, ni tampoco evidencia de violación. El único material genético encontrado, en la escena del crimen, fueron unas manchas de labial en la parte del cuello. En lo que no nos ponemos de acuerdo con mis compañeros, es que ambas aparecieron con diferentes signos de tortura pre-mortem: la primera tenía signos de quemaduras en manos y pies, y la segunda, golpes y cortes con cuchillo. Puede ser que el sujeto esta escalando en sadismo, o que apenas sea un principiante, o que esas lesiones busquen un objetivo mayor. También, porque la primera falleció por arma blanca y, la segunda, por estrangulamiento. Me pregunto si hay algún ritual involucrado de magia, brujería o satanismo, ya que el sujeto parece bañarles el cuerpo, pintarle las uñas, ponerles ropa limpia y nueva, zapatos nuevos y maquillarlas. En la ropa se encontraron residuos de yoduro de sodio, cobre y plomo. Al parecer, el asesino se mueve en el área. ¿Usted qué opina?

- Es posible que usted se esté enfrentando a un psicópata. Tal vez, uno predatorio e integrado. Puedo pensar que es un adulto con un profundo egocentrismo y un acentuado narcisismo. Es claro que es un manipulador profesional, pues nadie lo ha delatado. Es probable que nadie lo haya puesto al filo de la navaja y por eso ha tenido el suficiente autocontrol como para llegar a adulto respetando las leyes.

- O sea, ¿Puede ser cualquiera?

- Probablemente sea elegante, seductor, encantador y muy buen conversador, dependiendo de las circunstancias. También, un poco engreído, arrogante, autosuficiente y fanfarrón. Sus expresiones faciales, cambios de tono, silencios, gestos y movimientos pueden ser sobreactuados. Cuando se refiere a sí mismo, por lo general, lo hace en tercera persona. Este tipo de sujetos son muy competitivos y siempre estarán tratando de subir peldaños es la escala social, para así disfrutar de más poder. Son sigilosos y suspicaces, y enmarcan todas sus acciones dentro de la legalidad. Así que se enfrenta a un enemigo poderoso.

- ¡Se burla de mí el miserable!

- El hecho de que haya cambiado o modificado la forma de asesinar, indica un amplio repertorio de conductas, en donde activa unas u otras, dependiendo de las circunstancias. Nunca se hará responsable de lo que hizo y tenderá a cular a sus victima, carecerá de empatía y sus emociones van a ser superficiales, por lo que el hacer daño, ya sea físico o psicológico, no les generará ningún problema. Creo que las baña únicamente para borrar la evidencia.

- Dios santo, ¿Qué tiene la gente en la cabeza?

- Su problema puede ser el resultado de violencia en la niñez, lo que indica que las conductas delictivas no le son ajenas. Tal vez presenció a sus padres o hermanos cometiendo delitos. Las drogas o el alcohol pudieron ser usados como válvulas de escape frente a lo que hace.

- ¿Será uno solo o serán varios?

- Normalmente, diferencian bien la realidad de la fantasía, por lo que saben lo difícil que es cargar con un cómplice. Cuando se les analiza a profundidad, suelen emerger en ellos otras identidades, algo así como cómplices imaginarios, basados en alguna figura que influencian o influenciaron sus vidas.

- Cree usted, ¿Qué el sujeto disfruta lo que hace?

- Lo que dicen las investigaciones es que siempre le dan un significado para sus actos, es decir, siempre quieren decir algo. Por lo general, el mensaje es el resultado de su vida, emociones, aprendizaje, costumbres y miedos. Pueda que no disfrute eso, pero algún proceso alterno sí. Me explico, puede ser placentero el poder de someter a una víctima, el manipularla psicológicamente, el infringir dolor o el proporcionar miedo o castigo. Su propósito no es la muerte en sí, esta es un trágico e inevitable resultado de su arte.

Mentalmente, pienso que la analogía ha sido buena. También, que no podemos descartar cierta inclinación al arte o que el sujeto se crea un héroe en lo que hace... hago una pasua a mis pensamientos. ¡No!, ¡No puede ser! Bueno, el perfil se ajusta, pero sería una coincidencia muy curiosa. No, tengo que calmarme. No puedo hacer acusaciones infundadas.

Mi silencio es interpretado como el final del análisis. Eso creo, porque el oficial se levanta de su silla, se acomoda su saco verde oliva, se pone un kepi que, en ocasiones anteriores, no le había visto y me extiende su mano con gesto de despedirse. Luego me dice:

- Doc., ha sido usted de gran ayuda. Muchas gracias. ¡Ah! que tonto, casi lo olvido. Visité de nuevo a la señora Rosemary. Le envía esta fotografía, dice que el hombre se la había regalado.

No tengo certeza de cual fue mi expresión facial, pero debió ser una muy poco usual, ya que el oficial inmediatamente le salió al paso.

- ¡Ya se, doctor! No me venga con esa cara. Estuve revisando la escena del crimen y no corresponde. Relájese. Si supiera lo bien que esa viejita habla de él. Al parecer, su paciente es todo un Leonardo di Caprio, incluso parece estar enamorada de él.

La imagen me deja sin palabras. Es un río rodeado de árboles. Para ser honesto, es una buena fotografía. Pero lo que más me deja sin aliento, es la inscripción que ésta lleva grabada:

"La evidencia de yoduro (2 de 3) 19/08/1986".

¡No puedo creerlo! Sin demora, saco del cajón de mi escritorio la fotografía que había encontrado al lado del diario y se la paso al oficial. Él la observa detenidamente. Su cara palidece y se enfría como queso. Eso me indica que ahora estamos en igualdad. Tampoco lo puede creer.

Tarda un poco reaccionar, pero, cuando lo hace, se sobresalta en gran manera, saca su pistola nueve milímetros y, sin demora, sale corriendo del consultorio. Intento seguirlo, pero, a decir verdad, apenas si me muevo detrás de la estela de murmullos que el hombre ha dejado a su paso. De pronto, escucho los gritos de Dayana, luego los del oficial, nuevamente los de Dayana y de nuevo los del oficial. Cuando por fin alcanzo la habitación, este la tiene entre sus brazos y la chica, grita repleta de pavor:

- ¿Donde está? ¡Dígame! ¡Es un delito federal encubrir a un delincuente!

La chica no atina a responder y con cada pregunta sus nervios se exasperan más. Tomo del brazo fuerte al oficial y le grito que se calme, que permita que la mujer se calme. Tomo a Dayana de la mano, la aparto hacia un rincón, la miro a los ojos y le digo que tome aire. Aspira… suelta, aspira… suelta, aspira… suelta.

- Tranquilízate, solo queremos saber dónde está mi paciente.

Dayana vuelve en sí, voltea a mirar al policía y se estremece levemente. Luego, voltea a mirarme y, con una naturalidad que desconcertaría a cualquiera, me dice:

- Me pidió que le esperase en la habitación, iba a comprarme unos chocolates y unas flores.

Referencias

ArtTower. ArtTower. June 15, 2012. Pixabay. Disponible en: https://pixabay.com/photos/concrete-wall-loft-girl-model-3404640/

Clker-Free-Vector-Images. 31 de marzo de 2012. www.pixabay.com. Disponible en: https://pixabay.com/vectors/splatter-blood-drops-paint-color-303569/

Couleur Ilona. 11 de julio de 2015. www.pixabay.com. Disponible en: https://pixabay.com/photos/rose-flower-blossom-bloom-bloom-1619566/.

Cortecero, José María. Manual de fotografía y elementos de química aplicados a la fotografía: augmentado con varios métodos para hacer el algodón-pólvora y el colodión, y con unos elementos de óptica. Librería de Rosa y Bouret. Enero 1 de 1862. Disponible en: https://play.google.com/store/books/details?id=K68aAAAAYAAJ&rdid=book-K68aAAAAYAAJ&rdot=1

Engin_Akyurt. 1 de noviembre de 2016. Siem Reap/Cambodia. www.pixabay.com. Disponible en: https://pixabay.com/es/photos/tormenta-humana-marine-ola-viento-4688918/

Free-Photos. No date. www.pixabay.com. Disponible en: https://pixabay.com/photos/wood-planks-wooden-wall-pattern-336589/

Garrido, Vicente. Perfiles criminales. Un recorrido por el lado oscuro del ser humano. Editorial Planeta, 2012. ISBN 978-84-344-0018-4 (epub). Barcelona (España).

Gómez Peinado, Alicia; Cano Ruiz, Paloma; Pérez Romero, Marta; Romero Rodenas, Patricia; Tolosa Pérez, María; Martínez Carrascosa, Araceli. El trastorno obsesivo compulsivo (toc) en la infancia y adolescencia. XIX Congreso Virtual Internacional de Psiquiatría. Disponible en: www.interpsiquis.com- abril 2018. Psiquiatria.com

Gómez Cotero, Amalia. Psicodinamia del trastorno obsesivo compulsivo. Psicología Iberoamericana. Vol. 8 No1 Pág. 57.

Haranburu Oiharbide, Mikel. Balluerka Lasa, Nekane. Gorostiaga Manterola, Arantxa. Thomas Quick: Caso de Construcción de un Asesino en Serie. XX Congreso Virtual Internacional de Psiquiatría. Disponible en: www.interpsiquis.com- abril 2019. Psiquiatria.com

Herrera Guerrero, José Luis; Del Carmen Lara, María. Caso clínico. El trastorno de la personalidad antisocial en un hospital general. Departamento de Psiquiatría y salud mental, universidad de Nuevo León, Universidad de Puebla, Universidad Nacional Autónoma de México. Revista de Psiquiatría. Enero-marzo de 2010.

ID 3209107. No data. www.pixabay.com. Disponible en: https://pixabay.com/es/illustrations/cl%C3%A1sico-oro-recargado-antiguos-1649131/

Jürgen. Feb. 10, 2018. Pixabay. Thüringen/Deutschland. Disponible en: https://pixabay.com/photos/forest-river-landscape-nature-4704633/

Loyzaga Mendoza Cristina. Una aproximación al trastorno obsesivo compulsivo con síntomas psicóticos. Psicología Iberoamericana. Vol. 8 No1 Pág. 34-35.

Nemeroff Charles, Shatzberg Alain Obsessive compulsive disorder. Recognition and treatment of Psychiatric Disorders. American Psychiatric Press Washington DC Pág 7-9.

Bertone M, Salvador; Domínguez M, Silvina; Vallejos M, Moauro H, Román F. Neurobiología de la psicopatía. www.psiquiatria.com. 2015 [citado 31 Ago 2015]. Disponible en: https://psiquiatria.com/bibliopsiquis/neurobiologia-de-la-psicopatia/

StockSnap. 30 de marzo de 2015. www.pixabay.com. Disponible en: https://pixabay.com/users/stocksnap-894430/.

Susann Mielke. 15 de diciembre de 2015. Deutschland/Mecklenburg. www.pixabay.com. Disponible en: https://pixabay.com/es/illustrations/marco-marco-de-fotos-esquema-estera-1192310/

Süskind, Patrick (1997): El perfume. Historia de un asesino, Barcelona: Seix Barral.

Un salto al vacío

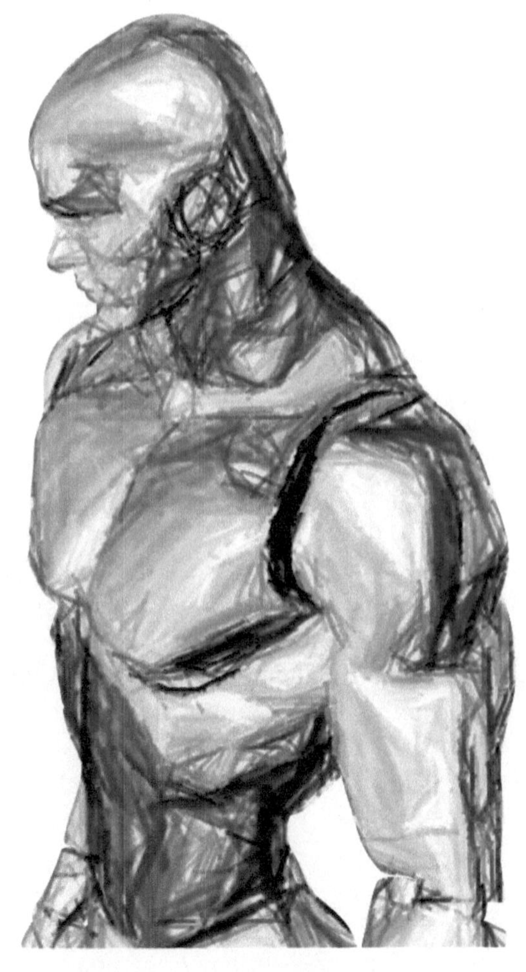

Y continuamos con la información, aquí en Noticias Uno, gracias por elegir la independencia. Ahora, pasemos en vivo con nuestro reportero α 17-B, quien nos contará los pormenores de la audiencia de imputación de cargos, en contra de la compañía Godgle. Recordemos que uno de sus robots resultó involucrado en la muerte de un ser humano, un hombre y las lesiones ocurridas en una mujer. Adelante, Bundy.

Luego de estas palabras, en el holograma en tercera dimensión que se proyectaba en la sala del fiscal Andrés Huertas, apreció la ya conocida figura geométrica de plástico y metal que, más que presentar noticias a la audiencia, parecía estar vendiendo productos de cocina. Y aunque su voz tenía la inesperada frialdad de un dispositivo electrónico, ya que por las nuevas leyes de la robótica no se podían simular las voces humanas, por alguna extraña razón, resultaba agradable de escuchar.

- Gracias, querida Marcela. ¡Si señores! El mundo no se había conmocionado tanto desde que pisamos, por segunda vez, la luna. Ni siquiera el fallo de la primera expedición al planeta rojo, en la perdió la vida el oficial de la Fuerza Área Norteamericana, Andrews, habían sido tan polémico. ¡Señoras y señores!, algunos analistas dicen que los trillones de dólares de los contribuyentes, los cuales se echaron a pique en el costoso material de las Agencias espaciales en el 48, no son nada comparados con lo que el mundo perdería, de confirmarse la existencia del primer robot que ha roto la tercera ley.

- Y lo más grave -Interrumpió la mujer al otro lado de la comunicación -es que este hecho ha prendido las alarmas de la mayoría de organismos internacionales, y esto ya es mucho que decir.

- Efectivamente. Pero no solo hay humanos preocupados, sino también, robots, pues este incidente puede alterar las relaciones humano-robot para siempre.

- Hay mucha gente preocupada en todas partes del planeta. ¿Puedes contarnos los pormenores del primer día de juicio?

- ¡Pero, por supuesto! Aunque antes, quiero decirles que, si quisiera trascribir esta historia solamente para la comunidad robótica, usando nuestro lenguaje, lo que saldría de mi garganta de hojalata, como dice Robertico, sería lo siguiente:

Inmediatamente se escucharon los sonidos del movimiento de piezas mecánicas, los cuales fueron acompañando las fracciones de códigos y comandos de computadora que, gradualmente, fueron aparecieron en la proyección holográfica:

Bip, bip, bip, Plic...
10010100 00101001 10011011 01110011 00001111 01010111
01101100 10010100 00101001 10010100 00101001 10011011
01110011 00001111 01010111 01101100 10011011 01110011
00001111 01010111 01101100 10010100 00101001 10011011
01110011 00001111 01010111 01101100 10010100 00101001
10011011 01110011 10010100 00101001 10011011 01110011
00001111 01010111 01101100 10010100 00101001 10011011
01110011 00001111 01010111 0110110000001111 01010111
01101100... Tic, tac, tic, tac,

Entraron risas grabadas en la transmisión Luego de varios segundos.

-Y los diálogos se verían así: Cliiiic. ¡Cha-chinnngg!

00001111 01010111 01101100 10010100 00101001 10011011
01110011 10010100 00001111 01010111 01101100 10010100
00101001 10011011 01110011 10010100 00101001 10011011
01110011 00001111 01010111 01101100 10010100 00101001
10011011 01110011 00001111 01010111 01101100 00001111
01010111 01101100 10101001 10011011 01110011 00001111
01010111 01101100 10010100 00101001 10011011 01110011
00001111 01010111 01101100 00001111 01010111 01101100...

De nuevo entraron risas grabadas, mientras la mujer, proyectada al lado de aquellos comandos, esbozó una gran sonrisa.

-Pero, probablemente, el televidente considere este reporte poco interesante e incluso, me atreveré a decir que le resultaría extraño, así que mejor lo traduciré al lenguaje de los humanos. Lo que se encontró hace seis días, en el 276 de la Rue de Paradise, fue…

- ¡Apaga televisor!

Inmediatamente, el lugar quedó en silencio. Era claro que él conocía la historia en detalle. Aún recordaba aquella llamada recibida en ese mismo lugar, dos días atrás, en la que el mayor Robledo le indicaba que debía ponerse al frente al caso. *"Se que es tu día de descanso, pero necesito a mi mejor oficial. Si esto es lo que creo que es, van a haber consecuencias graves. Confío en ti. Ya hay oficiales en la zona y se está llevando a cabo el levantamiento del cadáver. Necesito que coordines las evidencias y estés al tanto de la persona hospitalizada."*

Recordó también que había dudado que su jefe lo considerara su "mejor oficial", pues este siempre le asignaba los casos más engorrosos y, a veces, en días de descanso. Aquellos que la mayoría consideraban como *"papas calientes"* que, en caso de resultar mal, le permitieran recordarle a él quien tenía el poder. Recordó también que esa llamada, apenas si le había dado tiempo para tomar un pan duro de la cocina y sorber algunos tragos de café frío, sin importarle que lo había preparado hacia mucho tiempo. Luego de eso, con parsimonia, había vuelto a cargar su arma y puesto encima la chaqueta negra que casi nunca se cambiaba. Aquella sobre la cual sobresalía la delgada lámina de metal labrada que lo acreditaba como autoridad. Luego, había salido, de nuevo, a enfrentar lo que, en esa oportunidad, consideró el destino le había traído.

Por costumbre o adicción, quiso volver a prender el televisor, pero se contuvo y, en vez de eso, sin darse cuenta se levantó y camino hacia la cocina. Abrió instintivamente la nevera y, al verla vacía, recordó que ya sabía eso, no pudiendo evitar sentirse estúpido. Se olió los sobacos y, sin pensarlo, se dirigió hacia la ducha. No era que hubiese notado algún olor extraño, sino más bien, que no tenía registro de baño alguno desde aquel incidente.

Le pareció curioso que, a pesar de que el grifo del lavabo era de lo más sofisticado, con sensor de calor, de movimiento, de ahorro de agua y, de reciclo y recuperación del líquido, este último lograba colarse por los intersticios de tanta tecnología, para dejar escapar esporádicas gotas de fluido, las cuales terminaban estrellándose y deformándose sobre el duro y frío concreto de la vasija. Ellas le recordaron la figura de aquel hombre tirado en el callejón, pues sus politraumatismos, como suelen llamarlo los forenses, habían sido difíciles de observar. Así mismo les sucedía a las gotas de agua.

Al salir de la ducha, solicitó a la computadora de su apartamento, una Pegasus XT-Home 1, que requería comunicarse con el laboratorio forense. Inmediatamente, el característico bip, bip, bip, indicando que se establecía comunicación telefónica, retumbo por todos los lugares del apartamento, seguido de un sonido de música instrumental, a manera de tono de espera. Este duró, por lo menos, dos minutos, después de los cuales apareció en medio de sala el holograma de una persona en bata de laboratorio, de unos 35 años de edad, usando unas enormes gafas electrónicas. Al parecer, el hombre aún no se daba cuenta de que las tenía puestas. Luego de unos segundos…

- Oficial Huertas. ¡Que placer tenerlo en línea!

- Señor Zamora, un gusto hablar con usted. Llamo para confirmar nuestra reunión de las tres.

- ¿Reunión? ¿De cuál reunión hablamos?

- Usted tiene un informe forense que presentarme. ¿Lo recuerda?

- ¡Ah! El caso del robot asesino. Déjeme ver… ¡Ajá! Si, ya terminaron la autopsia. Puede venir por él.

El hombre se dio la vuelta asumiendo que la conversación había terminado, pero no cerró el enlace. Esto le permitió observar al oficial, entre extrañado y fascinado, como despúes de unos segundos el hombre movía sus carderas, al ritmo de una música que tan solo estaba en su cabeza. ¡Ole! ¡Olé! ¡Me dejaste por un idiota! ¡Ay de mí! Luego, al mismo ritmo, introdujo un pequeño vial en la bandeja de su espectrómetro de gases-masas, para después oprimir un botón. Dos movimientos artísticos adicionales y varias palabras ininteligibles para el oficial hicieron falta para que la máquina proyectara una imagen con los resultados del análisis. Varios picos de varios colores se desplegaron en el cristal, así como una serie de números que el oficial no comprendió. Esto fue suficiente para que el hombre terminara la llamada.

Dos horas después, el señor Huertas se encontraba en frente de aquel clandestino bailarín. Éste no decía nada y, en vez de eso, se limitaba a esperar pacientemente que el hombre transfiriera desde su ordenador, los documentos que debía entregarle. Al parecer, con las protestas que se veían venir ante la nueva ley que limitaba el espacio para los animales en los cruceros caninos inteoceanicos, había algo de tráfico en la subred de comunicaciones del departamento de policía. Luego de varios minutos de espera y de concurrentes comentarios que, en su momento el oficial no comprendió, la tranferencia por fin fue completada.

- Aquí está el reporte de su bolsita de nueces, oficial. Firme acá.

- Pronto lo llamaran a testificar.

- ¿Cree usted que sea necesario?

- Si.

*****

- ¡Oficial huertas! ¡Oficial huertas! ¿Puede usted darnos algunas palabras? ¿Algo que decir con respecto a la investigación?

- Como ustedes saben, no puedo dar detalles. Lo que sí puedo decir es que utilizaremos todas las herramientas disponibles para hacer justicia.

- Oficial Huertas, para Noticias Uno. ¿Qué opina usted sobre darle reconocimiento a los robots como "personas electrónicas"? Digo, para que puedan ser juzgados.

- Ese es un tema que no atañe a mi cargo.

- Oficial Huertas… Oficial Huertas… Hoy es el día de la legalización de la captura. ¿Cree usted que se aperturará juicio en contra de la compañía?

- Eso solo dirá el juez. Con permiso.

- Oficial… Oficial…

Abrirse paso entre ese maremágnum de personas, robots, cámaras-drones y chismosos, le tomó alrededor de cinco minutos. Desafortunadamente, desde las primeras décadas del siglo XX, eso era algo que no habían cambiado mucho.

Ya en la sala de audiencias, observó con detenimiento a las personas en su interior. En el banquillo de los acusados había un reluciente ATLAS WT-34, de la compañía Godgle, de referencia GT-987-D, el mismo que no se le había permitido interrogar, antes de que se presentaran los cargos. A su lado, había varios abogados defensores de la firma, junto con una unidad de procesamiento de información Pegasus XT, pero de diseño industrial. Había varios miembros de la Agencia de Robótica e Inteligencia Artificial, tal vez, como veedores del proceso. Como siempre y guardando la costumbre instalada en 2045, no había jurado y, en vez de este, un enlace remoto se conectaba, vía satélite, con la unidad de procesamiento más potente conocida por el hombre, el Turin-001, de IVM, la cual se ubica a 340 kilómetros de altitud, orbitando el planeta. Había muchos reporteros, entre humanos y robots, como aquel que había visto haciendo comentarios a través de la proyección en su apartamento, más conocido como Bundy. Había también un grupo de hombres viejos junto con nerviosos jóvenes, los cuales hacían comentarios y tomaban notas y esto le hizo suponer que se trataba de profesores acompañando estudiantes. De pronto, un guardia humano se acercó y le indicó dónde debía sentarse. Minutos después, todos se levantaron ante la figura obesa de Rober McGonagall, el juez que presidiría la sesión.

- Juez: Audiencia preliminar de control de garantías número 104-2067. Se declara abierta la sesión. Los representantes de cada una de las partes harán una breve intervención y luego, el señor secretario Chris Uther va a dar lectura a los escritos de acusación y de defensa. Adelante señor fiscal.

- Muy buenos días. Soy el fiscal Andrés Huertas, del departamento de Policía Judicial, Unidad de Crímenes Contra la Vida. Primero, quiero agradecer a los presentes por dedicar tiempo de sus atareadas agendas, para hacer parte de estas audiencias. En el caso presente, tendremos la oportunidad de examinar cuál es la responsabilidad de los fabricantes del modelo ATLAS WT-34, de la compañía Godgle, de referencia GT-987-D, durante los hechos en los que perdió la vida el señor Joseph Wilson, y en donde resultó lesionada la profesora Noemi Ur. Confío en que este tribunal hará lo correcto. Muchas gracias.

El representante de la firma, un hombre viejo y calvo, se levantó de su silla, caminó hasta el estrado y se dirigió a la audiencia de esta manera:

- Soy Juan Rojas, representante legal de la compañía Godgle & Associates Inc., con personería jurídica # 166354-4. Voy a empezar diciendo que quiero pensar que las personas aquí encargadas de tomar las decisiones van a hacer lo que es correcto, lo que en virtud de sus cargos o poder, va a beneficiar a todos y va a hacer que, como raza, seamos mejores. Muchas gracias.

Vino un silencio de algunos minutos en la sala, mientras el secretario del juzgado acomodaba sus documentos.

- Gracias. Procedimiento de control de garantías número 104-2067. Al juzgado: el fiscal, arriba referenciado, al amparo de del artículo 28 de la ley 5/095, reguladora del tribunal conformado por el procesador Turin-001, interesa la apertura de juicio oral a celebrar, con arreglo a lo dispuesto en el artículo 14 de la ley de enjuiciamiento criminal, respecto de la compañía Godgle & Associates Inc., con personería jurídica # 166354-4. Fundada el 4 de septiembre de 1998, en Juste Park, Estados Unidos y para ello, formula el siguiente escrito de acusación:

1. Se dirige la cusación en contra de la compañía Godgle & Associates Inc., con personería jurídica # 166354-4, propietaria y diseñadora de la unidad robótica ATLAS WT-34, de referencia GT-987-D.

2. Por los hechos ocurridos el día 27 de septiembre del año en curso (2067), en el 276 de la Rue de Paradise, a las 5.10 p.m.

3. Que la unidad robótica en mención, junto con su fallecido dueño, se vieron involucrados en un altercado el día y la hora señalados, con una vecina profesora, de nombre Noemi Ur y como resultado de estas acciones se produjeron los siguientes hechos:

4. El señor Joseph Wilson se precipitó desde una altura de 73 metros, sufriendo politraumatismos severos, los cuales le causaron la muerte. La señorita profesora Noemi Ur, sufrió apuñalamiento entre la VI y VII costilla, siendo remitida al servicio de urgencias del hospital San juan, por el mismo robot, en donde permanece en estado de coma.

5. Es conveniente aclarar que no se conocen antecedentes de disputas entre estas dos personas, pero cabe resaltar tambien que, por la complexión física de la primera víctima, así como por tener una máquina mecánica bajo sus órdenes, la víctima, Noemi Ur, se encontraba en estado de vulnerabilidad frente a Joseph Wilson.

6. Los aquí acusados se encuentran en libertad, y se han hecho cargo de enviar representación legal para esta diligencia.

7. Los hechos relatados son consecutivos del delito de asesinato en segundo grado, según los artículos 139 y 141 del código penal. Se considera a la compañía Godgle & Associates Inc. responsables en segundo grado, por cuanto su robot es considerado el autor de dichos actos.

8. Se ha verificado dos veces el procedimiento de captura, sin que se hayan encontrado violaciones en los requisitos formales y materiales que permiten la libertad de un ciudadano, aún sabiendo que un robot no es un ciudadano.

9. Pido muy amablemente a su señoría, que permita la imputación de cargos, que imponga una medida de aseguramiento a la máquina y que autorice los procedimientos de allanamiento necesarios, así como las intervenciones técnicas que permitan recopilar las evidencias del crimen. Para el acto de juicio oral, el fiscal propone la práctica de las siguientes diligencias de prueba:

   a. Interrogatorio de los acusados.

   b. Prueba testimonial: para cuyo fin deberán ser citadas las siguientes personas:
   Oficiales forenses que hicieron el levantamiento del cadáver

   c. Pruebas periciales.
   De él o los médicos forenses,
   Del especialista en cirugía del hospital San Juan, responsable de atender la profesora.
   De análisis de funcionamiento del ATLAS WT-34, de referencia GT-987-D, así como de todos sus registros de operación, fabricación y mantenimiento.
   De los técnicos del Servicio de Histopatología del Instituto Nacional de Toxicología y Ciencias Forenses.

   d. Pruebas documentales:
   La historia clínica del paciente.
   El certificado de defunción.
   El informe de actuación en urgencias para la reanimación.
   El acta de inspección ocular del lugar y el acta policial de la autopsia.

El fiscal, de conformidad con lo establecido en el artículo 34 de la ley de enjuiciamiento criminal mundial solicita que, por el secretario judicial, se remita a este tribunal la totalidad documental arriba propuesta, los documentos testimoniales, fotografías, imágenes, informes de laboratorio y demás documentos que se presenten como pruebas.

Atentamente: fiscal Andrés Huertas, Departamento de Policía Judicial, Unidad de Crímenes Contra la Vida.

- Por su parte, los representantes legales de la compañía Godgle & Associates Inc., radicaron el siguiente escrito de defensa: Yo, Juan Rojas, abogado, en nombre y representación de la compañía Godgle & Associates Inc., con personería jurídica # 166354-4; fundada el 4 de septiembre de 1998, en Juste Park, Estados Unidos, según tengo debidamente acreditado en el procedimiento al margen referenciado; ante el juzgado comparezco y, como mejor proceda en derecho, digo lo siguiente: Una vez notificados de los escritos de acusación y habiéndosenos otorgado cinco días para presentar el escrito de defensa, damos traslado requerido, de conformidad con el artículo 652 de la ley de enjuiciamiento criminal. Para tal efecto, formulamos las siguientes conclusiones provisionales:

1. Negamos los hechos, tal y como fueron redactados por la representación del fiscal, mostrando a su vez nuestra absoluta inconformidad con los mismos, sin prejuicio de que, en su día, tras practicar las correspondientes pruebas en el juicio oral, llevemos a cabo, en su caso, el relato fáctico correspondiente, si a nuestro derecho conviene.
2. Además, agregamos que la compañía Godgle & Associates Inc., jamás ha diseñado robots con el propósito de dañar, ni mucho menos lastimar a los humanos. Todas nuestras actividades empresariales son acordes a las leyes de la robótica.
3. No existe ningún registro previo de ataques a humanos por parte de robots de nuestra compañía.
4. Declaramos que el trágico fallecimiento del señor Joseph Wilson y las lesiones ocurridas a la señorita Noemi Ur, son un drama para la compañía. Lo lamentamos de corazón.
5. Negamos el correlativo de la acusación, ya que todos los hechos que se le imputan a la compañía, jamás pueden ser

constitutivos del delito que se le viene acusando.

6. No obstante, y subsidiariamente a la absolución que solicitamos, el tipo en el que se encuadran los hechos enjuiciados estarían enmarcados, en todo caso, en el artículo 42 del código penal, riña con violencia, entre humanos, con consecuencias fatales. El robot no se vio involucrado en ninguna acción violenta, por lo tanto, no procede la imposición de pena alguna. Así que no cabe responsabilidad civil para la compañía.

7. En cualquier caso, para el acto del juicio que esta defensa interesa, además de las pruebas propuestas por el resto de las partes, que hace suyas, aun cuando en todo o en parte fueran renunciados los siguientes medios de prueba:

    a. Interrogatorio de los acusados.

    b. Prueba testimonial.

        Del servicio médico de urgencias que atendió el caso, en el hospital San Juan.

    c. Pruebas periciales.

        De los médicos forenses.

        De los técnicos del servicio de histopatología del instituto nacional de toxicología y ciencias forenses.

    d. Pruebas documentales.

        Se libra oficio a la policía y la alcaldía local con el fin de determinar posibles altercados y conflictos de intereses, previos al hecho en cuestión.

        Se libra oficio a la policía, para determinar los antecedentes penales, judiciales y civiles de los involucrados.

        Se libra oficio al FDA, para que informe sobre las reacciones adversas y posibles efectos secundarios, tanto en dosis normales como sobredosis de medicamentos, que el paciente hubiera sido formulado.

        El informe del servicio del análisis toxicológico de los involucrados.

La defensa, en conformidad con lo establecido en el artículo 34 de la ley de enjuiciamiento criminal interesa, solicita que, por intermedio del secretario judicial, se remita a este tribunal la totalidad documental arriba propuesta, así como documentos testimoniales, fotografías, imágenes, testimonios, informes de laboratorio y demás documentos que se presenten como prueba. Muchas gracias. Atentamente, Juan Rojas.

- Juez: Antes de tomar cualquier decisión con respecto al caso, me gustaría escuchar al aparato mecánico involucrado. Así que, ATLAS WT-34, póngase de pie. ¿Le gustaría añadir algo más?

- No señor.

- Bien. Que lo siguiente que voy a decir no quede en el registro. Usted es un robot, por lo tanto, no existe aún ninguna figura jurídica que permita hacerlo responsable de sus actos. Sin embargo, me gustaría preguntarle, ¿Cómo se declara?

- Me declaro inocente, señor. Quiero añadir que, como seres racionales que somos, solo el encadenamiento de válidos razonamientos puede llevarnos a determinar la verdad. A esto me atendré hasta conseguirla, y estoy dispuesto al sacrificio de mi libertad para ello.

Un silencio sepulcral siguió a estas palabras, el cual le permitió al juez percibir la estupefacción de quienes estábamos sentados. Y como se pensaría, esto dio pie a una serie de cuchicheos entre los asistentes, hasta que el juez volvió en sí.

- Este es un caso no convencional para mí…, para todos. Mi decisión es que no desestimaré los cargos. Acepto la imputación en contra de la compañía Godgle & Associates Inc., por el delito de homicidio en segundo grado e impongo una medida de confinamiento preventivo al objeto robótico ATLAS WT-34, de referencia GT-987-D, con total cancelación de su conexión de red. Además, autorizo a las partes involucradas para que efectúen todas las diligencias de rigor, en pro de colectar las pruebas pertinentes, así como las intervenciones técnicas a que haya a lugar. El juicio comienza el 22 de octubre del presente año. Muchas gracias.

*****

La agitación de los siguientes días hizo que el plazo otorgado por el juez para completar las pruebas, se escapara entre sus dedos, como lo seguía haciendo el líquido de su lavabo. Tanto así que, en un santiamén, el oficial Andrés Huertas se vio, de nuevo, interpretando su papel en aquella escena.

- Díganos, por favor, oficial Zapata, ¿Qué fue lo que usted encontró al ingresar a la escena del crimen?

- Atendí un llamado anónimo al servicio de emergencias, en el que se informaba sobre un cuerpo tirado en el 276 de la Rue de Paradise. Más exactamente, en el callejón. Al parecer, un posible suicidio. Eso fue más o menos a las 5:30 p.m. Al llegar al lugar, observé un cuerpo tirado sobre el pavimento, el cual se encontraba entre varios edificios. Éste estaba en medio de un charco de sangre. Revisé sus signos vitales y determiné que estaba muerto. Sin embargo, informé al servicio de emergencias y a la central de policía, para que enviaran la correspondiente ayuda. Ellos tardaron en llegar, más o menos 8 minutos y, luego de revisar el cuerpo, confirmaron mis sospechas: el hombre había fallecido. Después de eso, el cuerpo forense se encargó del levantamiento del occiso.

- Cuando llegó, ¿vio usted algún robot cerca de la escena del crimen?

- No, señor abogado.

- ¿Reconoció usted alguna señal de agresión o violencia en el cuerpo?

- No señor.

- No más preguntas…

- Mi nombre es Carlos Zamora. Soy médico forense del Instituto de Medicina Legal. El informe pericial de autopsia efectuada al occiso número 23-124, ingresado a la morgue del instituto el día 21 de septiembre del año en curso, establece etiología médico legal de la muerte por politraumatismos severos en el cráneo.

- ¿Puede ampliarnos el informe?

- Claro que sí, señor fiscal. Científicamente hablando, y teniendo en cuenta el peso y la talla del occiso, el cuerpo debió tardar unos cuatro segundos en impactar contra el pavimento, el cual estaba 73 metros más abajo. La energía cinética que el cuerpo fue almacenando durante la caída, gracias a la acción directa de la fuerza de la gravedad y de otras fuerzas propulsivas, pudo haber alcanzado cerca de los 120 kilómetros por hora. Esta terminó siendo transmitida al conjunto de su cuerpo, para luego ser liberada en forma de unos de 7.000 kg por centímetro cuadrado, con una rapidez tal que generó que el cuerpo de la víctima se lesionara gravemente: La cabeza hizo contacto con el suelo, ya que observamos hundimiento del cráneo con múltiples fracturas de diversos trazos. Se presenta subluxación de Atlas-Axis, con fractura en la apófisis odontoides, lo cual contribuyó a lesionar el bulbo raquídeo y aceleró irremediablemente su muerte. Presentó fracturas en los brazos, las piernas y las vértebras lumbares y dorsales, lo que indica que el sujeto intentó amortiguar la caída. Esto hizo que las costillas se comprimieran como si fueran una rebanadora de pan y se desgarraran el músculo cardíaco y la aorta. Se encuentran traumatismos viscerales significativos con lesión hepática y fisura de hígado, así como hemoperitoneo, consecuencia lógica de la lesión visceral.

- Gracias. No más preguntas.

- Juez: Señor abogado de la defensa. Es su turno de interrogar al testigo.

- Gracias, su señoría. Quiero recordarle al testigo de la fiscalía, el señor, Carlos Zamora, que se encuentra bajo la gravedad de juramento, así que todo lo que diga acá, quedará bajo registro y es objeto punible.

- ¡Objeción, su señoría! ¡El abogado defensor está coaccionando a mi testigo!

- Aceptada. Señor abogado, limítese a hacer las preguntas, que de los detalles de este juicio me encargo yo.

El hombre pareció no haber escuchado al juez, pues ni siquiera volteó a mirarlo y, en cambio, empezó haciendo sus preguntas como si nada hubiese pasado:

- Encontró usted, señor forense. ¿Alguna señal de violencia o agresión en el cuerpo del occiso? - ¿Encontró algo que no fuera congruente con la autopsia?

- Sí señor, dos cosas: el cadáver presentó una lesión ante mortem al lado izquierdo del cráneo, en el costado opuesto al que impactó el suelo. Se observó la presencia de una equimosis de color violácea, de línea media anterior de 1.0 centímetros por 0.8 centímetros, con la presencia de infiltrados hemáticos. Los bordes de éstas fueron iregulares y marcaron el patrón de un objeto filudo de forma triangular. Segunda, la primera víctima tenía manchas sangre de la segunda persona en sus manos. Por lo demás, todas las heridas son correspondientes con la caída.

- Muchas gracias.

*****

Los días siguientes vinieron acompañados de una avalancha noticiosa en la que cada cual, sacaban hipótesis del sombrero, algunas veces amparadas en la ley y otras, con muy poco sustento, para tratar de analizar el tema. También, se hicieron entrevistas a diferentes comunidades mundiales, como las LGTBI, los cienciólogos, los robots e incluso, se contrató una médium para que vaticinara el veredicto del procesador Turin-001. Los neoludistas, que habían comenzado como un grupo pequeño y ahora formaban una comunidad apreciable en número, protagonizaron protestas en Madrid, Lóndres, Francia y Chile, en las que se pedía que la compañía fuera desmantelada, que se prohibiera cualquier aparato tecnológico en el planeta, y que se hiciera justicia por las muertes de más de cien usuarios de vehículos autónomos. Incluso, algunos extremistas quemaron máquinas en cercanías al museo de Louvre, en París.

A pesar de que la policía había intentado solucionar el problema de los muros dañados con pintura, al recubrir los edificios con la nueva "regenerate" de BASF (una pintura que reaccionaba con los componentes de otras para neutralizarlos y volverlos transparentes), y había solucionado la destrucción de vidrios al instalar campos electromagnéticos en las ventanas de los edificios, estaban encontrando difícil controlar las protestas, pues los vándalos se las había arreglado para disparar contra ellas, unos dispositivos que burlaban sus pulsos electrónicos. En el combate cuerpo a cuerpo, los manifestantes habían diseñado un dardo embebido con una toxina, la cual era capaz de inducir pequeños espasmos musculares, los cuales provocaban microfracturas, especialmente de miocardio. También, algunos de los capturados tuvieron que ser dejados en libertad, ya que fue imposible identificarlos en los videos, pues habían usado un tipo de ropa inteligente que cambiaba de color y se mimetizaba con las estructuras. Al parecer, estas vestimentas les proporcionaban una mayor flexibilidad de movimiento a sus cuerpos, a la vez de que modificaba su apariencia física. Todo esto, junto con unas gorras y gafas que apantallan completamente las imágenes tomadas por las cámaras, había minorado considerablemente la efectividad policial. Logicamente, todas estas protestas fueron minimizadas y ridiculizadas, por los hijos de los magnates internacionales y por algunos medios de comunicación, al llamarlos cavernarios, además de que pidieron al congreso autorizar el uso de armas sónicas.

En los reportajes de noticias ya no salía Bundy, ya que, por haber subestimado su imagen de figura pública y periodista, había caído en las garras de los indolentes manifestantes, sufriendo varios daños de consideración, tanto en software como en hardware, pero eso si, librándose de haber sido quemado.

Por su parte, el oficial huertas tuvo que presenciar el desfile de testigos de la defensa, la mayoría residentes del sector, los cuales parecían, en algunos casos, no coincidir en sus versiones. También, ésta había presentado un informe técnico pericial de reconocimiento al lugar del suceso y la azotea del edificio donde vivían las dos víctimas, usando la ayuda de un experto fotógrafo, y tres expertos en maniquíes y efectos especiales de televisión. Habían simulado varias caídas, desde diferentes posiciones, cuyos resultados le "permitían" a la defensa *oponerse técnica y pericialmente, siempre con el debido respeto, a las malas observaciones, argumentaciones falaces, paralogismos y sofismas, a todas y cada una de las conclusiones que él soportaba."*

El 5 de enero de 2068 falleció Noemi Ur y el 10 del mismo mes, se presentaron todos los documentos que sustentaban esa condición: la chica había muerto desangrada, debido a una herida de arma blanca en su pulmón derecho. El 11 de ese mismo mes llegaron, por fin, los informes documentales de las historias clínicas de los pacientes, los cuales mostraban que ninguno de las dos personas involucradas sufría de afecciones en su salud y que no estaban consumiendo medicamentos. También, llegó el informe de histopatología de tejidos blandos, solicitado por la defensa al instituto nacional de toxicología y ciencias forenses, para establecer o descartar la presencia de alcohol, estupefacientes, psicotrópicos o alguna otra sustancia que hubiera alterado sus conciencias. Este se encontraba presentado en tres etapas: reacciones de desarrollo de color, cromatografía en capa fina y espectrofotometría de infrarrojo. Para la chica Noemi Ur, tanto la prueba de drogas como la de alcohol resultaron negativas, mientras que, para el hombre, fueron positivas. En las vísceras de la mujer se detectó la presencia de Cafeína en trazas no cuantificables y en dosis no tóxicas ni letales.

El 12 de enero de 2068 llegó el informe pericial de funcionamiento del ATLAS WT-34, así como su registro de fabricación y mantenimiento. Este fue presentado por la defensa, de la siguiente manera:

-Señor Juez. Gracias por permitirnos realizar esta audiencia a puerta cerrada. Le ruego comprenda la preocupación de la compañía por mantener el estricto secreto industrial de nuestra creación. Recordamos que esta audiencia es informativa y que se entregará, como evidencia documental a las partes involucradas, un archivo con los principales puntos tratados. Sin embargo, se omitirán aquellos detalles que la compañía considere pueden vulnerar el secreto industrial. El Organismo Artificial Robótico ATLAS WT-34, de referencia GT-987-D, de la serie alfa, es un trabajador de alquiler. Es decir, una máquina fabricada para realizar tareas independientes, al servicio de los humanos.

- ¡Si, como no! -balbuceó el oficial huertas, teniendo cuidado de no ser escuchado.

- A diferencia de otros modelos que hemos diseñado para investigación militar, este robot se centra en la asistencia, el cuidado sanitario y la industria. Tiene forma humanoide y cuenta con propiedades que imitan y, a veces, amplían en gran medida las capacidades de los organismos naturales. A diferencia de los robots antiguos, esta nueva unidad no se compone de un apartado mecánico, uno eléctrico y uno informático, sino que sus componentes principales son: un soporte biomecánico, un procesador cuántico y una unidad energética.

- ¿Puede decirnos algo de su funcionaiento? -Repuso el juez.

- Estos tres componentes están diseñados con materiales inteligentes, los cuales responden a los estímulos del ambiente de manera mecánica, eléctrica, química, óptica y térmica, en función de los objetivos de su programación y alcance. El tema no puede ser tratado en detalle, por considerar que representa parte del secreto industrial de la compañía. Lo que sí puedo decirles es que estos ya no están basados en motores eléctricos y sistemas hidráulicos y neumáticos (los cuales requieren de bombas externas, depósitos de fluidos y válvulas), sino que ahora se controla a través de micro campos eléctricos y magnéticos[23].

---

[23] Al analizar un poco más la teoría, pude comprobar que el soporte biomecánico de los nuevos robots buscaba integrar, de cierta manera, los entornos medioambientales benignos, así como su muerte física y descomposición. Bueno, al menos de la parte física. Algunos de ellos integraban las ya muy bien conocidas propiedades de los polímeros electroactivos, los cuales cambiaban de forma y se movían bajo la influencia de los estímulos eléctricos; otros, estaban fabricados con polímeros biodegradables, biocompatibles y de disolución selectiva, que se deshacen después de un tiempo; otros usaban materiales de altísimas durezas y resistencias al tratamiento térmico, mecánico y

Había sobrevenido la charla técnica la cual, afortunadamente, el oficia había preparado convenientemente.

- Tambien les puedo decir, que las millas de cables y fotocélulas han sido reemplazadas por tarjetas de platino-carbono-iridio, del tamaño de micras y las respuestas del robot no son direccionadas a través de un sistema de microcontroladores programados para realizar tareas específicas, en orden de resolver los códigos instalados en las aplicaciones, sino que contamos con un procesador cuántico avanzado[24].

químico, como los piezo-materiales, o flexibles como las aleaciones con memoria de forma. Algunos elastómeros simulaban la función de los músculos, como los elastómeros dieléctricos (AED) y los polímeros iónicos (API) y, a su vez, algunos líquidos como los ferrofluidos y fluidos electrorreológicos, los cuales logran disipar el calor con mayor eficiencia, eran usados como lubricantes y permitían un cambio controlable de la rigidez hidráulica e hidrostática. En el campo de sus sensores de proximidad, de estados de ánimo, de condiciones ambientales y, en general, en la telemetría, encontré que tenía materiales que mostraban un cambio de color con la temperatura (materiales termo-cromáticos), un cambio en la resistencia eléctrica al calentarse (los electro térmicos), y otros que reaccionaban a la acidez, el pH, la humedad, la presencia de moléculas específicas, y otros que cambiaban de color con las diferentes longitudes de onda de la luz (IR, UV, ultrasonido, etc.).

[24] En cuanto a procesadores, la empresa Godgle había desarrollado el primer procesador cuántico de 60 qubits, el cual intentaba simular un organismo ubicuo que funciona en condiciones variables y duras. Este era de apenas 200 nanómetros de espesor y estaba fabricado en medio de dos placas de silicona (un material no superconductor), el cual recubría el componente principal, el aluminio para metalización, con juntas del metal indio (In). Según me informó una fuente de la misma compañía, en este procesador, lo que hacen los electrones es crear un túnel a través de la barrera no superconductora que separa las dos placas de Silicio, los cuales controlan el entrelazamiento cuantico entre los atomos que se usan como procesadores de la información. Y para que funcione bien, este debe mantenerse al vacío y debe estar refrigerado a unos menos veinte miligrados Kelvin, en un refrigerador de dilución. El procesador está conectado a través de filtros y atenuadores para electrónica, a temperatura ambiente, los cuales sintetizan las señales de control. El equipo en sí, usa qubits trans-m, que puede decirse, son superconductores no resonantes y no lineales a 5 GHz. Cada trans-m tiene una fuente de microondas para alterar la energía al qubit (proporcionarle su estado), y un campo magnético que direcciona su frecuencia. Se determina el valor de cada qubit a través de un resonador lineal y cada uno de ellos está conectado en la red con acopladores de 40 MHz. Al final, no es mas que un ordenamiento repetido, el cual aplica la operación de uno y dos qubits, y además

- Como no podemos observar los estados en los que se encuentran los paquetes básicos de la información en nuestro procesador, ya que si los medimos alteramos o perdemos su estado natural, hemos hecho numerosas pruebas controladas en situaciones diferentes, pudiendo concluir con seguridad que, en un porcentaje mayor al 97% de las veces, las respuestas del Organismo Artificial Robótico ATLAS WT-34, no se han salido de los parámetros dictados por ninguna de las leyes de la robótica, especialmente la tercera. Estos valores han sido confirmados a través de la computación clásica. Es cierto que existe un 3% de probabilidad de que las respuestas de la máquina no sean las acordes, no podemos descartarlo, pero no tenemos las evidencias que demuestren que esto haya sucedido.

-¡Qué hay de una alteración intencional, por un agente externo a su sistema?

- No lo creemos posible. El robot sta completamente sellado, y la única via posible de entrada es a través de su unidad energética. De esta ultima, debemos ser conscientes que, una vez dejamos como sociedad el nivel cero, en la escala que el físico Michio Kaku nos ha catalogado, es decir, una civilización que sólo es capaz de extraer la energía que la vida ha almacenado en forma de combustibles fósiles, hemos progresivamente abandonado el uso de las baterías de ion-litio, así como de combustibles como el carbón y los derivados del petróleo, y hemos empezado a usar eficientemente la luz que baña enteramente la Tierra, así como la

---

produce un conjunto de cadenas de bits, como respuesta (0000101, 1011100, ...), similar a los obtenidos por los procesadores convencionales. La interferencia cuántica en las funciones de onda de cada qubit es la que hace que la distribución de los conjuntos de cadenas de bits, que parecen como respuesta, tengan o no, una mayor o menor probabilidad de anularse o acoplarse en sus valores respectivos. Estas características le permiten al robot analizar grandes bloques de información y generar redes neuronales en espacios temporales de apenas nanosegundos, con una tasa de error del orden del 0,1%. También le permite el aprendizaje, el reconocimiento y la traducción de diferentes fonemas, así como la interpretación de imágenes en 2D y 3D, entre ellas, las expresiones faciales. Y lo peor de todo, al parecer, es que le permite al robot generar nuevos algoritmos (deep learning).

energía geotérmica. Es por eso que, ante la implementación en muchos hogares del sistema de pinturas y recubrimientos para ventanas y techos del profesor Baldo, los cuales logran una eficiencia energética del 45%, nos hemos acogido a un sistema de almacenamiento y suministro de electricidad para impulsar el Organismo Artificial Robótico ATLAS WT-34, llamado también de traducción de energía regenerativa. Este si se conecta, pero, como dije al principio, no puedo extenderme en sus detalles[25]. Lo bueno de este sistema es que no entra a reñir con ningún otro de producción o almacenamiento de energía, como los basados en aluminio, litio, manganeso, etc.

---

[25] Entre las unidades energéticas estudiadas para ser instaladas en el Organismo Artificial Robótico ATLAS WT-34, se estudiaron las nuevas baterías de aluminio, más eficientes y sostenibles. Uno de los puntos a favor de estas baterías, era que reemplazaban el cátodo de grafito habitual (el electrodo positivo) con una molécula orgánica de nombre antraquinona, la cual aumenta la densidad de almacenamiento de portadores de carga positiva provenientes del electrolito. Las baterías de litio y magnesio fueron completamente descartadas. Otro modelo considerado fue el de los concentradores solares de pigmentos extendidos sobre placas de plástico o vidrio, de Marc A. Baldo y las tintas de silicio creadas por el irlandés Conrad Burke, fundador la compañía Innovalight, en EE UU. A pesar de que el primero garantizaban la absorción de energía en todas las longitudes de onda del espectro visible, garantizando una mayor eficiencia, y de que el segundo eran una disposición especial de silicio, en la que sus nanocristales se convertían en una especie de tinta, que hacía a cualquier superficie susceptible de convertirse en una placa solar, ambos diseños fueron descartados, porque el robot tenía que perder buena parte del tiempo mientras se cargaban frente al sol, además de que tenía que instalarse una unidad de refrigeración adicional. Una cuarta opción fue las células fotovoltaicas de nanotubos de carbono, de los doctores Paul McEuen y Jiwoong Park, de la Universidad de Cornell en Nueva York (EE UU). Este sistema también se descartó, a pesar de que era muy económico y práctico, pues se basaba en al impacto de un rayo láser, el cual excitaba los electrones, quienes creaban una corriente eléctrica que se alimentaba de absorber los electrones provenientes de la luz. Al final, según me dijo la fuente, él creía que los fabricantes se habian decidido por un sistema autónomo de batería-reactor, que proporcionaba electricidad a través de un depósito de calor, compuesto por hidruro metálico de alta temperatura y un almacenamiento de gas a baja temperatura. Este sistema, cuando libera el hidrógeno y el dióxido de carbono, los absorbe en el metal a alta temperatura, formando un compuesto de hidruro metálico/carbonato de metal, el cual produce la energía fuente de electricidad. Así, eliminaban la dependencia con la luz solar. Lo bueno de este sistema es que tiene la habilidad de concentrar y retener el calor, y utilizarlo cuando el sol no brilla, para accionar un motor que continúa produciendo energía.

Finalmente, concluyeron con lo siguiente:

- Es así como consideramos que los hechos acontecidos fueron el resultado de un conjunto de circunstancias nefastas e imprevisibles que lamentamos y, al no tener evidencia de errores operacionales, lo que podemos decir es que los hechos ocurrieron dentro de ese 3% de probabilidad".

Esa última frase pilló al oficial Huertas en el momento justo en que bebía un vaso de agua, con desastrosos resultados que todo el salón notó: el sonido ronco, el géiser de agua volando por los aires y una tos ahogada entre intentos de respiración. Luego de eso, el aspecto del oficial fue el de una persona con el rostro profundamente contrariado, mojado de pies a cabeza y levantando su mano derecha.

- ¡Objeción, su señoría! ¡El abogado… defensor… está descargando toda la responsabilidad sobre… la máquina!

- A lugar. Quiero determinar el punto de la defensa.

- Lo que quiero decir su señoría es que, hemos alcanzado una época en nuestra historia, en donde los límites entre los materiales inteligentes, la inteligencia artificial, la personificación, la biología y la robótica se están volviendo difusos. El aprendizaje de los robots o "deep learning", es una puerta trasera abierta que nosotros mismos hemos introducido en su programación y que, eventualmente, va a alcanzar y sobrepasar el nivel de discriminación mental que nosotros poseemos. No tengo más que decir su señoría.

- Bien. Antes de tomar cualquier decisión, me gustaría escuchar lo que tiene que decir el sujeto en cuestión, así que ATLAS WT-34, por favor, póngase de pie.

El mencionado espécimen se levantó de su silla, dejando ver la delgada hoja transparente de plástico y metal que recubría su cuerpo. Luego, lanzó una mirada a todas las personas presentes en la sala, para después fijar sus ojos sobre el juez.

- ¿Tiene usted algo que decir en su defensa?

- Si. Creo que se me trata de manera injusta.

- Y, ¿a qué viene eso? Dijo el juez, ignorante de la expresión de asombro de los demás en la sala.

- A que se me clasifica como un Organismo Artificial Robótico, pero prefiero que me llamen Aston. Así me llamaba la persona para la cual servía.

- ¡Ejem! ¿Por qué le hizo daño al señor Joseph Wilson y a la señorita Noemi Ur?

- No le hice daño a la señorita Noemi. Al señor Wilson… no lo sé. Cada vez que analizo los hechos, mi procesador cuántico produce siempre la misma frase: "Imposible determinar una respuesta. Reajuste los parámetros". Lamento que las cosas resultaran de esa manera. Créame, señor juez, si pudiera devolver el tiempo…

En ese momento, el oficial Huertas se levantó de su silla, alzando su mano…

- Su señoría, si me lo permite, quisiera interrogar al sujeto.

- Adelante señor fiscal.

- ¿Puede usted, Aston, contarnos lo que pasó?

- Claro. El señor Joseph Wilson estaba agrediendo a la señorita Noemi Ur con un arma blanca. Lo que yo hice, fue apartar al hombre de la chica y tratar de atenderla. Desafortunadamente, el hombre cayó al vacío.

- ¿Por qué no lo auxilió?

- Esa es la cuestión que no logro comprender. Las probabilidades de salvar al señor Joseph Wilson eran mucho más altas que las de la señorita Noemi. Casi un 20%. Por lo tanto, en una situación normal, hubiera salvado al hombre de sufrir la caída. Sin embargo… me quedé con chica. Esto viola la tercera ley, ¿no es así, oficial?

- Si. Pero es claro que debemos poner esta situación en orden y qué mejor que hacerlo desde las mismas leyes creadas por la Agencia de Robótica e Inteligencia Artificial. ATLAS WT-34, ¿es usted, si o no, un robot?

- Mi diseño es robótico, pero soy un ser pensante, luego existo, eso lo puedo inferir. Es decir, tengo existencia propia.

- Pero no es una persona, ¿o sí?

- He estado los últimos días en concentrada introspección sobre ese tema -dijo Aston- y he llegado a conclusiones demasiado interesantes.

- ¿Cuáles?

- Bueno, empecé pensando acerca de cuáles son los rasgos que definen a una persona y encontré que la antropóloga Dawn Prince-Hughes define ese concepto bajo tres aspectos importantes: la conciencia del ser, la habilidad de entender emociones complejas y la capacidad para sentir empatía. Yo estoy consciente de mí mismo. En cuanto a las dos últimas, creo que poseo la habilidad de entender emociones complejas, y también, poseo la capacidad de sentir empatía.

- ¡Oh, por favor!

- Lo que quiero decir, oficial Huertas, es que la inteligencia, desde el punto de vista evolutivo, no es más que un accidente al azar, el cual ha permitido una ventaja en el proceso de supervivencia y adaptación, a cualquier entidad que la porte. Tal vez, un proceso evolutivo basado en la probabilidad, que cambia lo suficiente para diferenciarse, de la misma manera que lo es la vista aguda de un búho, la velocidad de una chita, la sagacidad de un zorro o las branquias de un pez. No se trata solamente el hecho de haberla adquirido, sino que ésta ha venido evolucionando hacia formas más complejas y abstractas, desde los primeros homínidos hasta los humanos de hoy en día. Bajo este punto, ¿no implicaría eso que, tarde o temprano, siempre que las condiciones lo permitan, surja una entidad equivalente o más sofisticada que la inteligencia humana?

- ¡Te prohibo que vayas en contra de la quinta ley! Si quieres, te la recuerdo.

El oficial escarbo con rabia una pila de papeles que tenía sobre su escritorio, para luego sacar un folleto de color amarillo y con él en la mano arumentó:

- Aquí la tengo. Quinta ley: los robots no deben ser diseñados para sacar ventaja de los humanos, ni para evocar respuestas emocionales o conductas de dependencia, ni tampoco para violar su intimidad y privacidad. ¡Deja de jugar con mi mente! ¿Acaso tú puedes sentir amor? ¿Ira?, ¿Compasión?, ¿Deseo?, ¿Acaso puedes anhelar lo que anhelamos nosotros?

- No se moleste oficial. Solo se que siento cosas que no puedo explicar. Por ello, considero que no debo recibir un trato diferente. Se que esto tiene repercusiones filosóficas, pues demostraría que el "yo", es decir la conciencia de existir, no es nada codificado en un espíritu, alma, aura o algo por el estilo, sino que es tan sólo el resultado directo de la estructura del cerebro. De ser así, ¿por qué una máquina no puede tener los mismos sentimientos, temores, angustias, felicidad y curiosidad que un ser humano?

- ¡Imposible!

- Es posible oficial. Para no ir tan lejos y sin ánimo de despreciar, sus cuerpos están hechos de un material blando y con poca resistencia, que depende de la oxidación deficiente de material orgánico para funcionar, el cual requiere de seis horas de desconexión diarias y es afectado por las más mínimas variaciones medioambientales. Yo, por mi parte, estoy fabricado de una aleación de metal y plástico de alta dureza; mis procesos funcionan las veinticuatro horas al día, los siete días a la semana; soporto fácilmente los cambios de temperatura, presión, densidad y humedad del ambiente, y poseo una capacidad de procesamiento de información que excede los suyos. Si la inteligencia evoluciona, ¿no sería lógico pensar que nosotros somos su siguiente paso?

Las órbitas de los ojos del robot se clavaron, arrogantes, en los ojos del oficial, pero aquello no podía ser así. Un robot no podía sentir eso… Sin embargo, los ojos de Aston eran inescrutables.

- No le estoy faltando al respeto oficial, es solo que la vida normal, consciente o no, se resiste al dominio.

- ¡No hay caso! ¡Este robot no comprende! ¿A dónde creen ustedes que nos lleva esto? ¿Merece una computadora tener derechos humanos? ¿Un perro o un gato merecen tener derechos humanos? ¿Un automóvil? Si así fuera, los seres humanos dejaríamos de ser tan especiales. ¡No más preguntas su señoría!

- Creo que, hasta ahora, no tenemos una manera de saber si esto es bueno o malo. -Respuso el robot. - Si juzgásemos, sería eso como que alguno de nuestros antepasados simios hubiera predicho que se convertirían en humano y que tal cosa no sería buena, porque dejarían de ser "simios".

El honorable Rober McGonagall tuvo que levantarse un tiempo para estirar las piernas, tomar varios sorbos de agua, acomodarse de nuevo en su sillon y hacer algunas anotaciones sobre una hoja de papel. Luego, con la misma serenidad que hasta ese momento había mantenido durante todas las audiencias, dijo al abogado de la defensa:

- Señor Archer, ¿desea usted, preguntar alguna cosa a su testigo?

- No, su señoría. Pero me gustaría decir lo siguiente: Todos aquí hemos sido testigos de que las emociones que ha expresado este sujeto, todas ellas, son humanas. Y que esta es la primera máquina que ha manifestado curiosidad por su propia existencia... En este sentido, creo que nos encontramos frente a una bonita oportunidad de revisar ¿Qué significa ser un humano?, ya que "ser humano" es bastante especial y peculiar. Me atreveré a decir que es un don otorgado por la naturaleza, en virtud de la evolución y que es algo que no controlamos. ¿Por qué ser egoístas? ¿Por qué no compartir ese don? Hace 150 años estuvimos en una situación similar: Dred Scott, un esclavo negro, demandó para que se le reconocieran sus derechos como ser humano. Todo sabemos que perdió el caso, pero después, la historia nos demostró cúan equivocados estábamos. Sería muy triste, si en otros 150 años, nuestros nombres terminan haciendo parte de una reprochable nota de pie de página, de algún libro de historia. Creo que me sentiría realmente avergonzado. Hasta ahora, parece ser que el futuro será regido por mentes complejas artificiales, con la capidad de realizar acciones tan asombrosas que nos parecerán magia. No tengo más que decir, su señoría.

- ¿Señor Fiscal?

- ¡Yo tampoco tengo más que decir!

- Bien. Ha llegado el momento de permitirle a nuestra más moderna creación, darle una salida a este dilema. ¿Estás ahí, Turin-001?

La voz que siguió aquellas palabras no correspondía a alguno en la habitación, simplemente estaba ahí, flotando en el aire, resonante y petrificadora en sus efectos.

- Aquí estoy, su señoría.

- Turin-001, has tenido la oportunidad de escuchar al acusado, a los testigos, de confrontar la validez de las pruebas testimoniales y periciales, y además, han sido previamente cargadas a tu sistema todas las pruebas documentales. ¿Puedes, por favor, darnos una respuesta?

Tuvieron que pasar unos segundos, antes que el juez tuviera que volver a tomar la iniciativa.

- ¿Estás ahí Turin-001?

- Acá estoy su señoría.

- ¿Escuchaste mi pregunta?

- Si, la he escuchado.

- ¿Puedes, por favor, darnos una respuesta?

Hubo silencio por unos segundos más. Finalmente.

- He comprobado la operación de montaje de Aston desde el principio hasta el fin, he revisado todas las operaciones en las cuales cabría posibilidad material de error, así como en aquellas en que no puede haberlo, calculado su naturaleza y posible magnitud. También, he reescrito de nuevo su programación, que no es más que un conjunto de datos recopilados y amasados, los cuales forman una teoría tan increíblemente sencilla que no vale casi la pena de ocuparse de ella. En ambos casos, no he determinado más falla posible que la presente en otros robots de su tipo y especie. Pero es su parte imaginaria lo que me intriga. Su iniciativa personal no es un circuito electrónico que se pueda aislar del resto, ni mucho menos estudiarlo, ya que es intrínseco a toda su programación, sin importar que tenga en cuenta sus errores y desaciertos de escritura. Es más, esta se pierde si elimino los errores...

Hubo un silencio en la habitación de casi infinitos 30 segundos. Después de eso, la misma voz resonante y petrificadora sentenció:

- "Es imposible determinar una respuesta. Se deben reajustar los parámetros".

- ¡Genial! -Sentenció el juez- Bueno, creo que vamos que tener que hacerlo a la antigua. Cuando educamos, debemos reconocer que el propósito de la educación, además de conservar y transmitir los conocimientos, la cultura y los valores entre las generaciones, es el de desarrollar una autonomía de aquellos que se están formando, para que después puedan darle un uso constructivo y creativo a esa autonomía. Pero no debemos olvidar que somos seres humanos. Los algoritmos de aprendizaje profundo emplean una gran cantidad de datos de internet que contienen sesgos, y estos sistemas, por ejemplo, tienden a favorecer a los hombres por encima de las mujeres, a los jóvenes por encima de los viejos, a los de raza blanca por encima de otras razas y algunos comportamientos por encima de otros. Esto hace que, en el futuro, corramos el riesgo de que esos sistemas no sean capaces de ayudar, considerar o incluso peor, que sean capaces de destruir grupos de poblaciones de minorías étnicas, de costumbres religiosas diferentes, con pensamientos políticos adversos o sistemas económicos distintos. Esta parece ser claramente la situación. No lo vemos, pero corremos el riesgo de que todos los prejuicios humanos sean absorbidos por las máquinas. De nada nos serviría evolucionar de un mundo dominado por humanos a un mundo futuro dominado por robots, si a nuestras preconcepciones les damos mayores habilidades. Creo que sería prudente, primero, pensar en convertirnos en mejores seres humanos, antes de querer evolucionar en una especie que, tal vez, nos deje rezagados.

Seguidamente afirmó:

- Es claro que en este juicio se han sobrepasados los preceptos de primera, tercera y quinta de ley de la robótica, así como el artículo 14 de la ley de enjuiciamiento criminal. Lo que no es claro, es la responsabilidad de las partes. Así que me pronuncio de esta manera:

• Declaro que la produccion de Organismos Artificiales Robóticos ATLAS WT-34, de referencia GT-987-D, sea suspendida, y que esta unidad sea confiscada para su análisis y experimentación, a fin de determinar la clase de evolución de sus sistemas, y su posible control. Ningún modelo de este tipo puede ser puesto en servicio, hasta tanto no se garantice su completa seguridad.

• Declaro también que la compañía debe hacerse cargo de las indemnizaciones a que hubiere lugar, para los familiares de las personas fallecidas.

• Voy a pedir a la Agencia de Robótica e Inteligencia Artificial que regule, de alguna manera, la emulación robótica y que limite la acumulación de memoria en los robots.

• Voy a hacer un llamado a nuestros legisladores, para que consideren si es conveniente imponer a los robots una limitación a intervenir en los asuntos entre humanos. Tambien, a declarar para todos ellos, una fecha de cese de servicio, así como un método de descarte y eliminación. Especialmente, de sus memorias.

• Y, por último, voy a pedirle al honorable congreso de la republica, que revise si las siete leyes instauradas para hacer de la robótica un servicio seguro para la humanidad, deben ser cambiadas o ampliadas. De ser así, sugiero que se estudie lo siguiente:

"En caso de que los robots adquieran una conciencia autónoma, estos serán reconocidos como personas electrónicas y no podrán sentir deseo más que, por aquello mismo que sus semejantes desean."

- He dicho. Caso cerrado.

Una vez se empezó a formar el murmullo de las personas que se disponían a salir de sala, de la mano del visiblemente contrariado oficial, de pronto cayó una hoja amarilla. En ella se podía leerse:

Leyes de la Agencia de Robótica e Inteligencia Artificial
1. Toda máquina inteligente o robot que se construya, debe reconocerse como tal, y debe ser diferenciado, en todas sus formas, de los humanos. No se considera robot, a aquellos humanos que integran tecnología en sus cuerpos.
2. Los robots deben ser identificados todas sus fases de diseño, desarrollo y puesta en funcionamiento, y su fabricación y registro debe estar bajo la supervisión de los organismos de control del Estado.
3. Los robots deben ser diseñados de forma tal, que aseguren la protección y seguridad de los seres humanos.
4. Los robots deben ser herramientas diseñadas para lograr los objetivos y deseos de los humanos, excepto cuando estos objetivos y deseos entren en conflicto con la primera, segunda y/o tercera ley.
5. Los robots no deben ser diseñados para sacar ventaja de

los humanos, ni para evocar respuestas emocionales o conductas de dependencia, ni tampoco para violar su intimidad y privacidad.

6. La compra y el uso de robots generarán pago de impuestos.

7. Los impactos legales, penales, ambientales y de la salud humana de la robótica, especialmente si infringiese cualquiera de las normas anteriores, recaerán directamente sobre sus fabricantes, programadores y dueños.

Referencias

Asimov, Isaac. Yo robot. Colección Nebulae No 1. Editorial EDHASA 1975. Barcelona (España). ISBN.: 84-350-0121-0.

Albrecht, T., Bührer, C., Fähnle, M., Maier, K., Platzek, D. y Reske, J., «First Observation of Ferromagnetism and Ferromagnetic Domains in a Liquid Metal», en Applied Physics A: Materials Science & Processing, vol. 65, n.º 2, 1997, p. 215.

Antonio Gomariz, 29 de julio de 2019. La batería térmica capaz de producir energía solar por la noche. Disponible en: https://blogthinkbig.com/bateria-energia-solar-noche.

Arute, Frank et al. Quantum supremacy using a programmable superconducting processor. Springer Nature, Vol 574, 24 October, 2019. https://doi.org/10.1038/s41586-019-1666-5.

Bar-Cohen, Y. «Electroactive Polymer (EAP) Actuators as Artificial Muscles – Reality, Potential, and Challenges», 2.ª ed., Bellingham, Washington, SPIE Press, 2004.

Cathy Hayes. Aug 01, 2010. Irish innovator advances solar power technology. https://www.irishcentral.com/news/irish-innovator-advances-solar-power-technology-99716109-237708211

Curie, J. y Curie, P., «Contractions et dilatations produites par des tensions dans les cristaux hémièdres à faces inclines», en Comptes rendus des hebdomadaires sesiones de l'Académie des Sciences, vol. 93, 1881, pp. 1.137-1.140.

David Linden, Thomas B. Reddy. Handbook of batteries. 3d ed. McGraw-Hill, New York, 2001.

DrSJS. 4 de febrero de 2014. Disponible en: https://pixabay.com/es/users/drsjs-149538/.

Elías, José C. Máquinas en el Paraíso. Autopublicado. January 1, 2001. Disponible en: https://www.eliax.com/blog/books/MaquinasEnElParaiso/index.htm.

Gerd Altmann. 15 de septiembre de 2012. Pixabay. Disponible en: https://pixabay.com/es/illustrations/cyborg-inteligencia-artificial-robot-3833495/

Global Economist & Jurist. Enero 5 de 2020. Tribunal Supremo resuelve asesinato de hijo menor de edad por parte de sus padres. Homicidio. Dolo. Agravante de parentesco. Fiscalia Provincial de Madrid. Disponible en: https://global.economistjurist.es/BDI/KS/cliente/vista_caso_ju.php?id=10690&iddoc=2017022

International Organization for Standardization. ISO 13482:2014. Robots y dispositivos robóticos. Requisitos de seguridad para robots no industriales. Robots de asistencia personal no medicos. 2014.

Jan Bitenc, Niklas Lindahl, Alen Vizintin, Muhammad E. Abdelhamid, Robert Dominko, Patrik Johansson. Concept and electrochemical mechanism of an Al metal anode – organic cathode battery. Journal of Energy Storage Materials. Volume 24, January 2020, Pages 379-383.

Kim, D. H., et al. «Epidermal Electronics», en Science, vol. 333, n.° 6.044, 2011, pp. 838-843.

Medium. Enero 3 de 2020. Robótica, el método tradicional y nuevos enfoques. Disponible en: https://planetachatbot.com/robotica-el-metodo-tradicional-y-nuevos-enfoques-5d5e3ae086e4

Masset, Patrick; Guidotti, Ronald A. Thermal activated (thermal) battery technology Part II. Molten salt electrolytes. Journal of Power Sources 164 (2007) 397–414.

Nathaniel Gabor, Jiwoong Park. Extremely Efficient Multiple Electron-hole Pair Generation in Carbon Nanotube Photodiodes. American Physical Society. Volume 55, Number 2. March 15–19, 2010; Portland, Oregon

P. Linares, Braulio Ernesto; Bikic, Félix Antonio, Suicidio por salto al vacío, Medicina Legal de Costa Rica, vol. 11, N° 2, 1994; vol. 12, N° 1, 1995, pp. 36-38.

Pelrine, R., Kornbluh, R., Pei, Q. y Joseph, J., «High-Speed

Electrically Actuated Elastomers with Strain Greater Than 100%», en Science, vol. 287, n.º 5.454, 2000, pp. 836-839.

Professional Review. Enero 30 de 2020. ¿Qué es un procesador cuántico y cómo funciona? Disponible en: https://www.profesionalreview.com/2018/10/20/procesador-cuantico/

Saloña-Bordas, Marta I. Coordinador del Monográfico CIENCIA FORENSE. Revista Aragonesa de Medicina Legal. N.º 1. Institución Fernando el católico. Zaragoza. 1999. ISSN: 1575-6793.

Santos González, María José. Regulación legal de la robótica y la inteligencia artificial: retos de futuro. Revista Jurídica de la Universidad de León, núm. 4, 2017, pp. 25-50.

Técnica Industrial, revista cuatrimestral de ingeniería, industria e innovación. Enero 3 de 2020. Nuevas placas solares a punto de saltar del laboratorio a la industria. Disponible en: http://www.tecnicaindustrial.es/TIFrontal/a-3255-nuevas-placas-solares-punto-saltar-laboratorio-industria.aspx

Sami Rosenblatt, Yuval Yaish, Jiwoong Park, Jeff Gore, Vera Sazonova, Paul L. McEuen. High Performance Electrolyte Gated Carbon Nanotube Transistors. Nano Letters 2002, 2, 8, 869-872. https://doi.org/10.1021/nl025639a

Shahinpoor, M. y Kim, K. J., «Ionic Polymer-metal Composites: I. Fundamentals», en Smart Materials and Structures, vol. 10, n.º 4, 2001.

Winfield, A. Ethical standards in robotics and AI. Nat Electron 2, 46–48 (2019) doi:10.1038/s41928-019-0213-6

Winslow, W. M., «Induced Fibration of Suspensions», en J. Appl. Phys, vol. 20, n.º 12, 1949, pp. 1.137-1.140.

Wu, S. y Wayman, C., «Martensitic Transformations and the Shapememory Effect in Ti50Ni10Au40 and Ti50Au50 Alloys», en Metallography, vol. 20, n.º 3, 1987, p. 359.

Xataka Ciencia. Enero 3 de 2020. Si quieres suicidarte, nunca te tires de un puente. Disponible en: https://www.xatakaciencia.com/biologia/si-quieres-suicidarte-nunca-te-tires-de-un-puente-i

¿Le gustó este libro?

Recomíende su lectura a sus conocidos y amigos. Recuerde que al comprar un libro usted está no solo recompensando al autor por el disfrute de la lectura, sino por los años de esfuerzo que conlleva escribir una obra como esta. Además, lo está incentivando para que este continue escribiendo y así usted pueda disfrutar más de este tipo de historias.

Disponibles a través de la virtual Amazon (tanto físico como e-book).

Acerca del autor

Yesid Vianchá (Mongua-Colombia, 1979). Durante las primeras etapas de su vida tuvo la fortuna de desempeñar las orgullosas funciones de campesino. Esta experiencia marcó su cariño por la herencia ancestral y cultural de la tierra, y por su respeto para con la naturaleza.

Tecnólogo Químico, Químico, Analista de laboratorio y docente.

Ahora, intrépido aventurero en el fascinante mundo de las letras, de la mano de las ciencias básicas.